CARDEAL ROBERT SARAH

PARA A ETERNIDADE

Meditações sobre a figura do sacerdote

Fons Sapientiae

Edições Fons Sapientiae
um selo da Distribuidora Loyola

Título original:	*Pour l'éternité. Méditations sur la figure du prêtre.* Paris, Fayard, 2021.
Direitos:	© Copyright 2022 – 1ª edição, 2022
ISBN:	978-65-86085-25-9
Fundador:	Jair Canizela (1941-2016)
Diretor Geral:	Vitor Tavares
Diretor Editorial:	Rogério Reis Bispo
Tradução:	Mauricio Pagotto Marsola
Revisão:	Dom Hugo C. da Silva Cavalcante, OSB.
Capa e diagramação:	Telma Custodio

```
Dados Internacionais de Catalogação na Publicação (CIP)
       (Câmara Brasileira do Livro, SP, Brasil)

Sarah, Robert
    Para a eternidade : meditações sobre a figura
do sacerdote / Cardeal Robert Sarah ; [tradução
Mauricio Pagotto Marsola]. -- São Paulo, SP : Edições
Fons Sapientiae, 2022.

    Título original: Pour l'éternité : méditations
sur la figure du prêtre.
    ISBN 978-65-86085-25-9

    1. Sacerdócio - Igreja Católica 2. Vocação
eclesiástica I. Título.

22-124079                              CDD-248.892

           Índice para catálogo sistemático:

  1. Sacerdotes : Meditações : Vida cristã    248.892

Eliete Marques da Silva - Bibliotecária - CRB-8/9380
```

Edições Fons Sapientiae
é um selo da Distribuidora Loyola de Livros
Rua Lopes Coutinho, 74 – Belenzinho 03054-010 São Paulo – SP
T 55 11 3322 0100 | editorial@FonsSapientiae.com.br
www.FonsSapientiae.com.br

Todos os direitos reservados. Nenhuma parte desta obra pode ser reproduzida ou transmitida por qualquer forma ou quaisquer meios (eletrônico ou mecânico, incluindo fotocópias e gravação) ou arquivada em qualquer sistema ou banco de dados sem permissão escrita

Aos seminaristas do mundo todo

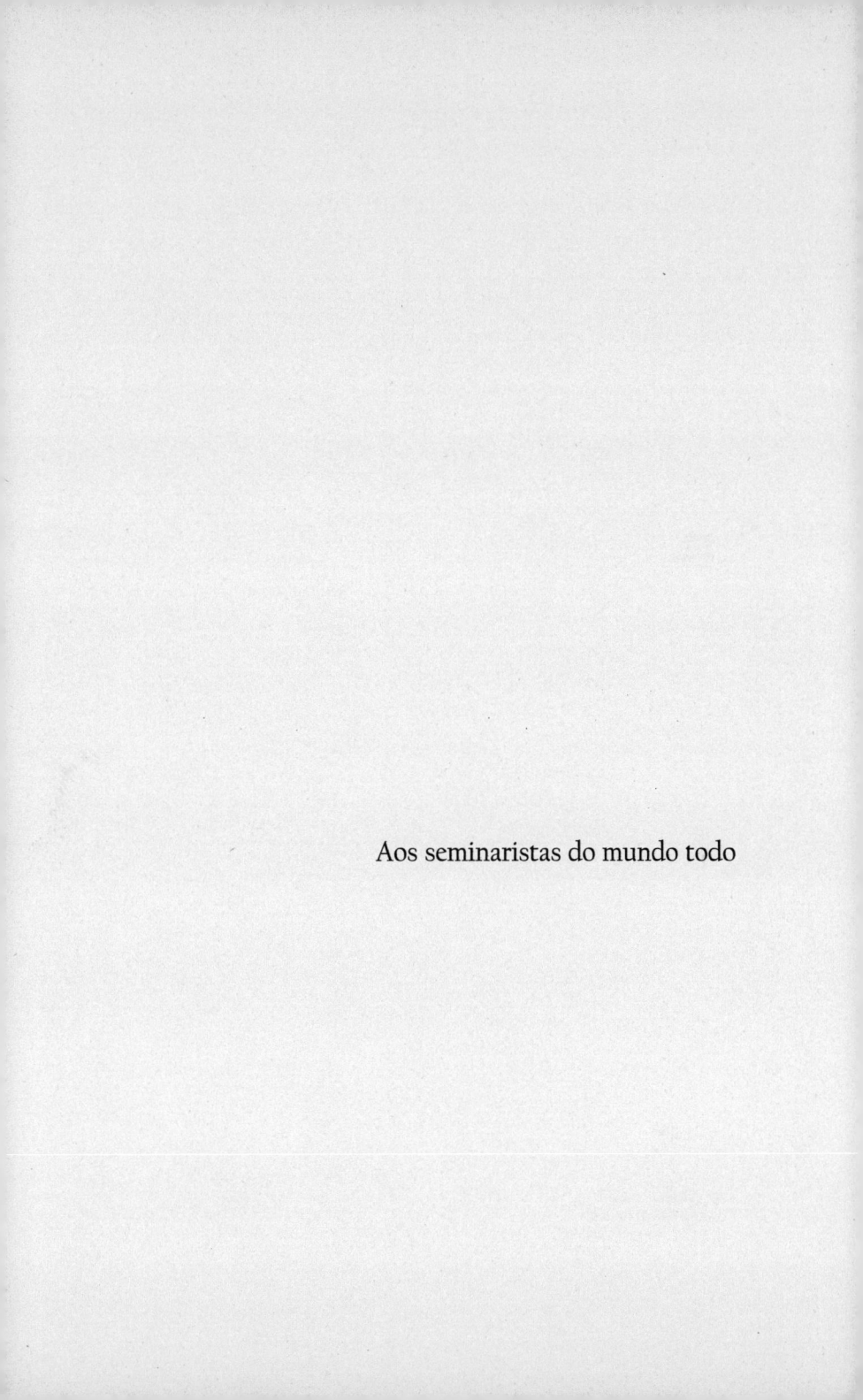

ÍNDICE

Introdução 7

I. Para uma reforma do clero – A partir de uma meditação de Santa Catarina de Sena....................................17

II. Um remédio contra a hipocrisia – A partir de uma meditação de São Gregório Magno.......................... 39

III. O sacerdote: nada e tudo – A partir de uma meditação de São João Crisóstomo... 53

IV. Sacerdote, quem és? – A partir de uma meditação de São João Paulo II..61

V. Para acabar com o clericalismo – A partir de uma meditação do Cardeal Jean-Marie Lustiger....................... 79

VI. Vocação à oração – A partir de uma meditação de São Bernardo de Claraval...................................101

VII. Uma santidade concreta – A partir de uma meditação de Bento XVI..119

VIII. A radicalidade do Evangelho – A partir de uma meditação de São João Paulo II... 131

IX. Reencontrar seu lugar – A partir de uma meditação de Georges Bernanos.. 151

X. Sacerdote e hóstia – A partir de uma meditação do Bem-aventurado John Henry Newman......................................167

XI. O sacerdote: homem consagrado, homem do sagrado – A partir de uma meditação de Bento XVI.......179

XII. Cristo, o Sumo Sacerdote Perfeito – A partir de uma meditação do Papa Francisco..199

XIII. Formar uma alma de sacerdote – A partir de uma meditação de Pio XII..221

XIV. Filho da Igreja – A partir de uma meditação de Santo Agostinho.. 231

Conclusão – A alegria de ser padre.. 241

INTRODUÇÃO

"Venho humildemente"

Venho humildemente a cada um, como um irmão, um amigo, um pai e um condiscípulo de Jesus Cristo. Venho meditar convosco sobre este maravilhoso presente que nos foi dado: o sacerdócio. Jesus Cristo nos faz participar de seu sacerdócio de uma forma livre e sem precedentes.

Na Igreja, os dias da ordenação sacerdotal são dias de celebração. Que alegria ver estes jovens padres felizes por se entregarem ao Senhor! Quem nunca admirou a alegria profunda que marca os rostos enrugados e cansados dos padres mais velhos que são fiéis há tantos anos? O ministério sacerdotal é uma fonte de alegria porque consiste em oferecer a vida divina e levar as almas para o céu, para a alegria perfeita.

No entanto, em nosso tempo, a sombra da noite paira sobre a vida dos padres. Não se passa uma semana sem que um caso de abuso sexual ou corrupção venha à tona.

Devemos encarar a verdade: o sacerdócio parece estar vacilando. Alguns padres são como marinheiros cujo navio foi violentamente abalado por um furacão. Eles giram e cambaleiam. Como podemos não nos perguntar quando lemos certos relatos de abuso de crianças? Como podemos não ter dúvidas? O sacerdócio, seu *status*, sua missão, sua autoridade foram postos a serviço dos piores. O sacerdócio tem sido usado para esconder, velar e até mesmo justificar a profanação da inocência das crianças. A autoridade episcopal às vezes tem sido usada para perverter e até romper a generosidade daqueles que queriam se consagrar a Deus. A busca da glória mundana, do poder, das honras, dos prazeres terrenos e do dinheiro infiltrou-se nos corações de sacerdotes, bispos e cardeais. Como podemos suportar tais fatos sem tremer, sem chorar, sem nos questionarmos?

Não podemos fingir que tudo isso não é nada. Não podemos fingir que tudo isso é apenas um acidente. Temos que encarar o mal. Por que há tanta corrupção, desvio e perversão?

É legítimo ser responsabilizado. É legítimo que o mundo nos diga: "Vós sois como os fariseus, dizeis e não fazeis" (cf. Mt 23,3). O povo de Deus olha para seus sacerdotes com desconfiança. Os incrédulos os desprezam e desconfiam deles.

Alguns se perguntam se o próprio sacerdócio não está em jogo. Aqui e ali vemos proposições florescendo para mudar a instituição, para renová-la, para modernizá-la. Todas essas iniciativas seriam legítimas se o sacerdócio fosse uma instituição humana. Mas não inventamos o sacerdócio, ele é um dom de Deus. Não reformamos um dom divino sobrecarregando-o com nossas idéias humanas para torná-lo conforme os gostos do momento. Ao contrário, ela é restaurada pela remoção das camadas de cal que impedem que o original revele seu esplendor.

Infelizmente, alguns têm usado seu sacerdócio para satisfazer a seus desejos pecaminosos. Eles distorceram o significado da ordenação sacerdotal. Eles perverteram até mesmo o significado das palavras. Assim, quando se diz que o sacerdote é identificado com Cristo a ponto de se tornar "outro Cristo", a essa afirmação nunca é dado um significado psicológico. O padre não é de forma alguma todo-poderoso. Não se lhe deve obediência cega. Ser identificado com Cristo não dá a ninguém o direito de comandar ou de satisfazer seus caprichos. Pelo contrário, ser outro Cristo obriga a ser o menor dos servos, ser outro Cristo obriga a ter castidade e respeito infinito por todos, ser outro Cristo obriga a subir na cruz. A ordenação não nos coloca em um trono, mas na cruz. Não nos deixemos furtar, por uns poucos pervertidos, das belas e exigentes palavras da tradição cristã. A identificação mística e espiritual do sacerdote com Cristo não leva a nenhum abuso se for vivido na verdade. Não tenhamos medo de devolver seu profundo significado a estas palavras que são tão exigentes.

O sacerdócio nos obriga a brilhar na santidade. "De fato", diz São João Crisóstomo, "a alma do sacerdote deve ser mais pura que os raios do sol, para que o Espírito Santo nunca a abandone, para que ele possa dizer: não sou eu que vivo, mas é o Cristo que vive em mim"[1].

---

[1] *Sobre o sacerdócio*, VI, 2, 8-9.

O sacerdócio é o bem mais precioso da Igreja. Ele deve irradiar a luz e a santidade de Deus para o mundo. Não há santificação possível sem o sacerdócio, "pois, assim como sem o sol nenhuma luz surgiria sobre a terra, sem o sacerdócio nenhuma graça ou santidade viria até nós na Igreja". O sol derrama seus raios brilhantes sobre o mundo; o sacerdócio trabalha em tudo, prodigaliza seus dons e espalha a fragrância da santidade sobre todos. O objetivo para o qual foi instituído por Cristo é que a Igreja receba dela toda sua santificação, toda sua beleza, todo seu esplendor[2].

É evidente que a santidade que deve brilhar no sacerdote provém da santidade de Deus. Os sacerdotes devem tornar-se perfeitos e santos à semelhança de Jesus Cristo. Assim, como padres, devemos trabalhar para adquirir todas as virtudes humanas e cristãs, a fim de nos configurarmos verdadeiramente a Cristo e de nos assemelharmos a Ele. De fato, São Gregório de Nissa nos exorta: "Se consideramos que Cristo é a verdadeira luz, estranha a toda falsidade, entendemos que nossa vida também deve ser iluminada pelos raios da Verdade. As virtudes são os raios do Sol de Justiça que brilham sobre nós, de modo que rejeitemos as atividades das trevas, e que nos comportemos honestamente, como se faz em plena luz do dia. Rejeitemos dissimulações vergonhosas, façamos tudo à luz; então nós mesmos nos tornaremos luz, de modo a iluminar os outros, o que é próprio da luz. E se considerarmos que Cristo é nossa santificação, nos absteremos de todas as ações e pensamentos profanos e impuros; assim mostraremos que

---

[2] *La Tradition sacerdotale: études sur le sacerdoce*, Bibliothèque de la faculté catholique de théologie de Lyon, vol. 7, Le Puy, Editions Xavier Mappus, 1959, cf. p. 170 *sq.*

realmente compartilhamos de seu Nome, professando por nossa vida, isto é, pela prática e não apenas por palavras, seu poder de santificação"³.

Essa é a situação do sacerdócio. Cristo Jesus nos deu um ícone belo, luminoso e claro de seu ser sacerdotal. O sacramento da Ordem sagrada é esse ícone de Jesus, o Sumo Sacerdote. Mas nossos compromissos com o mundo acrescentaram camadas de tinta de má qualidade sobre a obra de arte divina. Ela perdeu seu brilho. Precisa ser restaurada e, para isso, precisamos tirar essas adições e voltar ao original. Esse trabalho de reforma, de retorno à forma querida por Deus, é ao que queríamos convidar Bento XVI a fazer quando publicamos *Do profundo de nosso coração*⁴. Nesse livro, cada um de nós abriu caminhos para a restauração de um modo de vida totalmente sacerdotal para os padres. Algumas das propostas foram ousadas. Infelizmente, apenas as interpretações mais polêmicas e políticas. No entanto, esse livro encontrou um leitor atento e benevolente na pessoa do Papa Francisco, que convidou constantemente os padres para uma restauração de seu ser mais profundo. Ao nos pedir que rompamos com a auto-referencialidade, o Papa nos convida a redescobrir um sacerdócio que não se refere a si mesmo, mas que é de fato um ícone de Cristo sacerdote.

Como esta restauração pode ser realizada? Como remover as camadas acumuladas de tinta e verniz? Neste li-

---

[3] *Traité sur la perfection chrétienne*, in: *La Liturgie des Heures*, t. 3, Cerf-Desclée de Brouwer-Mame, 1980.
[4] Bento XVI e Cardeal Robert Sarah. *Do profundo de nosso coração*. São Paulo, Fons Sapientiae, 2020.

vro proponho um método simples: deixe a Igreja falar! Deixe seus santos e doutores falarem. Vamos abraçar o olhar deles para renovar nossas perspectivas.

Queria escrever um livro simples, curto, acessível a todos. Eu queria um livro para que os padres pudessem redescobrir sua identidade mais profunda, para que o povo de Deus pudesse renovar sua visão a seu respeito.

Deixarei a palavra aos santos, homens e mulheres, leigos e clérigos. A pureza de suas almas nos permitirá redescobrir a essência do sacerdócio. Não se procure por um tratado de teologia acadêmica. É a teologia dos santos que aqui se desdobra. É contemplativo, espiritual, mas também prático e concreto. Deixo a palavra à Igreja em seu magistério, porque por meio dela, é a voz de Cristo que vem até nós.

Cada texto será para nós como um olhar renovado, um raio de luz para melhor desenhar o retrato espiritual do sacerdote, como Jesus Cristo queria, como precisamos hoje. À luz desses ensinamentos da Igreja e dos santos, em conjunto, examinaremos a qualidade de nossas relações com Deus. Tentaremos nos conscientizar de que aqueles que servem a Deus e ao Altar não devem mais estar envolvidos na baixeza da terra. Tentaremos colocar em prática o Salmo 15: "Dominus pars hereditatis meae et calicis mei". Sois vós quem definis *sortem meam*. "Ó Senhor, vós minha herança e minha taça, meu destino está seguro em vossas mãos" (Sl 15,5-6).

Convosco, observo a tempestade que está sacudindo violentamente a Igreja. Grandes convulsões, desafios doutrinários e litúrgicos perturbadores, o colapso da teologia moral católica, a onipresença do mal no mundo, tornando a Igreja indefesa diante de importantes mudanças na sociedade, perturbam e entristecem profundamente a todos nós. Nossa identidade sacerdotal, manchada por uma minoria de nós, é fortemente contestada. Uma corrente de pensamento nega a diferença essencial entre o sacerdócio ministerial e o sacerdócio comum dos batizados. Ele gostaria de atribuir funções ministeriais a todos, além daquelas a que os sacramentos do batismo e da confirmação lhes dariam direito. Partindo desta concepção puramente funcional e sociológica do sacramento da Ordem, não estamos correndo o risco de distorcer completamente o sacerdócio do Nova Aliança?

A partir desta visão sociológica do sacerdócio surgiram pressões e exigências para a ordenação de mulheres e homens casados. Entretanto, o Papa João Paulo II, em sua carta apostólica *Mulieris dignitatem*, de 15 de agosto de 1988, havia claramente expressado e explicado o vínculo íntimo entre a relação esponsal de Cristo pela Igreja e o fato de que a ordenação é reservada aos homens.

Aqui estão suas palavras inesquecíveis: "Encontramo-nos no centro do Mistério Pascal, que revela plenamente o amor esponsal de Deus". Cristo é o Esposo porque "entregou-se": seu corpo foi "entregue", seu sangue foi "derramado" (cf. Lc 22,19-20). Assim, ele "amou até o fim" (Jo 13,1). O dom abnegado do sacrifício da Cruz traz à tona de forma decisiva o significado esponsal do amor de Deus. Cristo é o Esposo da Igreja, como o Redentor do mundo. A Eucaristia é o sacramento de nossa redenção. É o sacramento do Esposo, da Noiva. A Eucaristia torna presente e realiza de modo sacramental o ato redentor de Cristo que "cria" a Igreja, seu Corpo. A este "Corpo", Cristo está unido como o Esposo à Noiva. Tudo isso é dito na Carta aos Efésios. No "grande mistério" de Cristo e da Igreja, é introduzida a eterna "unidade dos dois", constituída desde o início entre o homem e a mulher. Se Cristo, ao instituir a Eucaristia, vinculou-a tão explicitamente ao serviço sacerdotal dos Apóstolos, é legítimo pensar que quis desta forma expressar a relação entre homem e mulher, entre o que é "feminino" e o que é "masculino", querido por Deus tanto no mistério da Criação como no da Redenção. Na Eucaristia, o ato redentor de Cristo Esposo para com a Igreja Noiva é expresso sacramentalmente. Isso se torna transparente e inequívoco quando o serviço sacramental da Eucaristia, em que o sacerdote age *in persona Christi*, é executado pelo homem. Essa é uma explicação que confirma o ensino da declaração *Inter insigniores*, emitida a mando de Paulo VI em resposta às questões levantadas pela questão da admissão das mulheres ao sacerdócio ministerial, em 15 de outubro de 1976.

Além disso, vivemos hoje no meio de um mundo sem Deus. No árido deserto de uma sociedade ocidental em que a apostasia silenciosa do homem, que acredita ser mais feliz sem Deus, avança rapidamente, venho convidá-los a se tornarem sinais cada vez mais claros da Presença de Deus no mundo. Convido-os a sentar-se muitas vezes aos pés de Jesus para ouvi-lo falar-nos do infinito amor do Pai, e para aprender de novo dele a primeira e fundamental tarefa que o Senhor nos confia. A sociedade ocidental matou a Deus, e é por isso que está em decadência e lentamente realizando sua própria eutanásia, apesar de sua aparência de prosperidade material. Com a morte de Deus, acreditava-se que o homem alcançaria total autonomia e liberdade. Mas a morte de Deus resultou de fato na morte da liberdade e no obscurecimento de uma concepção justa do homem. Deus é a única bússola que pode nos guiar para a felicidade.

Como Bento XVI repete com frequência, Deus se tornou homem para nós. Sua criatura humana é tão querida que ele se uniu a ela e, assim, se integrou à sua história de forma muito concreta. Ele fala conosco. Ele vive conosco, trabalha conosco, sofre conosco e escuta nossos gritos de angústia. Ele tomou sobre si a morte para nos salvar da morte e do pecado. A teologia muitas vezes fala disso em palavras muito concisas, incompreensíveis e herméticas. É justamente desta forma que corremos o risco de nos tornar especialistas em Deus, mestres da fé, em vez de nos permitirmos ser transformados, renovados, governados e divinizados por ela. É por meio de nossas vidas e testemunhos, todos impregnados do Evangelho, que devemos recolocar Deus em seu lugar no mundo.

Este livro é um convite para sentar aos pés de Jesus, nosso Sumo Sacerdote, para ser renovado em nosso sacerdócio. É a seus pés, em seus passos, que aprendemos a ser sacerdotes, a nos deixar moldar à sua imagem e semelhança, e a entrar plenamente nos mistérios cristãos que celebramos com fé.

Jesus nos ensina que por meio de seu sacerdócio Deus, nosso Pai, iniciou conosco um caso de amor, um amor que é infinito e exigente, até à morte. Ele quer envolver toda a criação nisto. O contrapeso contra o mal que nos ameaça só pode consistir em nossa total rendição a esse Amor. Ele é o verdadeiro contrapeso ao mal. O poder do mal nasce de nossa recusa em amar a Deus.

Estas linhas têm o único propósito de abrir nossos corações para ouvir novamente Jesus orando por nós, padres: "Não vos peço que os tireis do mundo, mas que os livreis do maligno. Eles não são do mundo, assim como eu não sou do mundo. Santifica-os na verdade; vossa palavra é verdade. Como me enviastes, assim eu os enviei ao mundo. Por eles, santifico-me a mim mesmo, a fim de que eles também sejam santificados na verdade" (Jo 17,15-19). Elas pretendem encorajar-vos a permanecer firme e fiel à graça de seu sacerdócio, sejam quais forem as provações, sofrimentos, tribulações e insultos que possas ter que suportar em nome do Senhor Jesus. Gostariam de lembrar que a Paixão de Cristo é uma realidade permanente e inerente à vida do sacerdote. Os Cartuxos nos ensinam: *Stat Crux dum volvitur orbis*, "A Cruz permanece enquanto o mundo dá voltas". Cristo ainda sofre e morre hoje por meio de seus sacerdotes e dos fiéis cristãos.

Seguindo o exemplo de São Francisco de Assis, este livro gostaria de conduzir-vos a uma profunda conversão, de suportar, como ele, os estigmas de Cristo em seu próprio corpo e, em suas palavras, de tomar como regra de vida "a decisão de observar o santo Evangelho de Nosso Senhor Jesus Cristo em sua totalidade".

I
PARA UMA REFORMA DO CLERO
A partir de uma meditação de Santa Catarina de Sena

Introdução

Gosto de reler regularmente os textos de Santa Catarina de Sena. A alma desta filha de São Domingos é habitada por um amor por Cristo e pela Igreja que é tão veemente que desperta nosso torpor e denuncia nossa tibieza e nossas acomodações com o pecado. Esta mulher sabe como falar com os padres. Que liberdade de tom! Quem se atreveria a dizer tais palavras hoje! Ninguém me faria acreditar que esta santa não sabia como ocupar seu lugar como mulher na Igreja. Ela, que não era muito bem educada, não hesitou em ameaçar sacerdotes e bispos, não para reivindicar alguma igualdade nivelada e indiferenciada entre homens e mulheres, ou para reivindicar títulos ou o direito de ser diaconisa ou sacerdotisa, mas para chamar cada um a ser plenamente o que é, um membro vivo do Corpo místico de Cristo. Portanto, ela não hesita em afirmar que os infortúnios da Igreja são causados pelo desleixo e os pecados do clero. Ela não hesita em convocar uma reforma dos pastores. E o que é essa reforma? É uma transformação do sacerdócio, uma reformulação do sacramento da Ordem sagrada? Pelo contrário, é a conversão dos sacerdotes a uma vida coerente com seu estado sacramental.

Permitam-me uma reflexão inspirada nestas linhas de Catarina de Sena. Às vezes me pergunto sobre o aparente fracasso do grande movimento missionário iniciado no século XIX. Tanta santidade, tanta generosidade, tantos sacerdotes fazendo enormes sacrifícios para anunciar o Evangelho a todos os povos! Penso que com a ação de graças dos missionários que queriam alcançar até mesmo as aldeias mais remotas. Graças a eles, eu também conheço Cristo hoje. Então este movimento parece ter se desgastado, ter secado. A Europa cristã parecia ter ficado cansada. O grande movimento de conversões e batismos teria abrandado na África e na Ásia, se não fosse o magnífico florescimento das Igrejas locais e as muitas vocações para a vida sacerdotal e religiosa que Deus deu origem aos territórios de missão. O que aconteceu? Ao descobrir tantos casos de pedofilia hoje em dia, talvez possamos responder. Como poderíamos ser fecundos se em nosso meio tais pecados estivessem escondidos? Como nossa Igreja poderia ser missionária se, entre seus sacerdotes, alguns indivíduos continuassem a manchar e profanar o trabalho puro e santo de tantos outros? As palavras de Catarina de Sena ressoam com atualidade: "Aquilo que lhes dá vida é para eles a causa da morte, porque abusam do sangue do Filho de Deus".

Sacerdotes, meus irmãos, temos abusado do sangue de Cristo? Temos abusado dos sacramentos? Será que celebramos o mistério do sangue com medo alegre e reverência amorosa? Durante nossas liturgias eucarísticas, será que demos a primazia a Deus? Nossas celebrações litúrgicas são momentos de adoração, de glorificação da majestade divina, ou elas se tornaram autocelebração comunitária ou manifestações folclóricas e culturais? Temos ministrado os sacramentos de forma descuidada? Será que negligenciamos o sacramento da penitência, onde este sangue nos lava do pecado?

Sacerdotes, meus irmãos, temos abusado deste leite de doutrina? Não o manchamos com tantas impurezas e compromissos externos? Convoco examino minha consciência. Ou melhor, deixei que esta jovem mulher de Sena me questionasse desde seu século XIV. Sim, deixe-a nos questionar. Que as palavras de Catarina nos devolvam o significado do pecado, reacendam em nós a dramática e trágica consciência da rejeição de Deus. O pecado, nosso pecado como padres, não é um detalhe. Custou o sangue do Deus encarnado. Nossa reforma, nosso retorno a ele, é o fruto desse sangue e a condição de saúde de toda a Igreja. Pois nós somos a causa de sua doença. Santa Catarina é enterrada em Roma, ela que interveio publicamente na vida da Igreja pedindo ao Papa Gregório XI que deixasse Avignon e retornasse à Sé de Pedro. Por meio de clamores, ameaças, orações e amor, ela finalmente conseguiu arrastar o Vigário de Cristo para Roma. Seu corpo está exposto sob o altar principal da Igreja de Santa Maria sopra Minerva. Ela está ali, deitada sob a mesa do sacrifício, onde todos os dias corre o sangue que rega nossas almas e torna a Igreja viva. Ela nos chama e nos lembra de nossa vocação como sacerdotes e de nossa missão no mundo. Seu corpo, que está entre nós, é um questionamento permanente.

Será que não nos tornamos mundanos, secularizados e sedentários? Será que não nos tornamos seguidores do mundo, um mundo materialista e ateu? Entregues a nós mesmos e muitas vezes desorientados pelos próprios pastores, nos sentimos perdidos, intimidados e desencorajados pelos poderes deste mundo. Não percamos a esperança. Permaneçamos firmes na fé em Nosso Senhor Jesus Cristo. São João nos tranquiliza quando escreve em sua primeira carta: "Aquele que crê que Jesus é o Filho de Deus, este é o vencedor do mundo" (1Jo 5,5).

Não relaxemos nosso zelo pela verdade católica; lembremo-nos de que a situação da Igreja primitiva não era muito diferente da nossa. No entanto, um pequeno grupo de pescadores da Galileia, que "eram rudes e incultos" (At 4,13), não versados nos assuntos deste mundo, mas cheios de fé, conquistaram o mundo inteiro. Pois "a Igreja", diz Henri de Lubac, "não é apenas a primeira das obras do Espírito santificador, mas aquela que compreende, condiciona e absorve todas as outras. Todo o processo de salvação é realizado nela. [...] Como ela existe por Deus, a Igreja é necessária para nós, que necessitamos de mediação. E mais. O mistério da Igreja é, em suma, todo o Mistério. É, por excelência, nosso próprio mistério. Isso nos implica totalmente. Ela nos envolve de todos os lados, pois é na Igreja que Deus nos vê e nos ama, é na Igreja que Ele nos quer e que nós O encontramos, e porque é na Igreja que aderimos a Ele e que Ele nos santifica"[5].

---

[5] Henri de Lubac. *Méditation sur l'Église*, Paris, Éditions du Cerf, 1998.

É impossível compreendermos o sacerdócio fora da Igreja Católica. Qualquer reforma do clero deve começar com um olhar profundo de fé na Igreja, pois é nela que todos os sacramentos da Nova Aliança são gerados e que nós mesmos nos tornamos discípulos de Jesus Cristo.

Mas a Igreja, a Igreja inteira, a única Igreja, a Igreja de hoje assim como de ontem e de amanhã, é o sacramento de Jesus Cristo. Ela não é nada além disso. No entanto, para muitos de nossos contemporâneos, e mesmo entre seus próprios filhos, a Igreja aparece como uma estrutura puramente humana a serviço da sociedade. A Igreja é apenas por seus méritos humanos: ela é valorizada apenas quando emprega meios para um fim temporal, tais como aliviar a miséria ou acolher migrantes. Ela é apreciada por seu compromisso com a ecologia, por sua luta política pela paz, justiça e fraternidade entre os povos.

Hoje, existem grandes lutas internas e divisões doutrinárias dentro da Igreja. Mesmo os sínodos dos bispos, que foram concebidos como um encontro de intercâmbio pastoral e partilha em nossa missão comum, foram transformados em um campo de batalha onde os grupos se enfrentam, cada um querendo impor sua posição teológica, moral ou ideológica pela força. Como disse Henri de Lubac: "As disputas de seus próprios filhos não só enfraquecem a Igreja, mas a desfiguram aos olhos do mundo e a destroem a partir de dentro. Para nós, ousemos dizer, se a Igreja não fosse o que ela afirma ser, se ela não vivesse essencialmente pela fé em Jesus Cristo, por aquela fé proclamada pelo apóstolo Pedro no caminho de Cesaréia, não esperaríamos que ela nos decepcionasse humanamente para nos separarmos dela. Pois todas as suas bênçãos humanas e toda sua magnificência, toda a riqueza de sua história e todas as suas promessas para o futuro, não podem compensar o horrível vazio em seu interior. Tudo isso — mas a hipótese não é apenas falsa, é impossível — seria o traje brilhante de uma farsa, e a esperança que ela colocou em nossos corações seria uma decepção. 'Seríamos, então, o mais miseráveis dos homens' (1Cor 15,14-19). Se Jesus Cristo não a enriquece, a Igreja é miserável. É estéril se o Espírito de Jesus nela não florescer. Seu edifício é ruinoso se Jesus não for seu Arquiteto e Pedra Angular e se, das pedras vivas de que ela é construída, seu Espírito não for o cimento. É sem beleza se não reflete a Beleza única da face de Cristo[6]. A ciência da qual se vangloria é falsa, assim como a sabedoria que a enfeita, se não forem ambas resumidas em Jesus Cristo. Ela nos mantém na escuridão da morte, se sua luz não for a de Jesus. Toda sua doutrina é uma mentira, se não proclamar a verdade que é Jesus Cristo. Toda sua glória, todo seu poder e riquezas materiais são vãos, se não alicerçados na humildade de Jesus Cristo. Seu próprio nome nos é estranho, se não nos evocar imediatamente o único Nome dado aos homens pelo qual devemos ser salvos (cf. At 4,12). Ela não é nada para nós, se não é para nós o sacramento, o sinal efetivo de Jesus Cristo. A única missão da Igreja é torná-lo presente às pessoas. Ela deve anunciá-lo, mostrá-lo, fazê-lo ver e entregá-lo a todos. O resto, mais uma vez, é apenas um acréscimo. Nessa missão, sabemos que ela não pode falhar. Ela é e sempre será em toda verdade a Igreja de Cris-

---

[6] Santo Agostinho. *Sermo* 44,11.

to: 'Eu estou sempre convosco, até o fim dos tempos' (Mt 28,20). Mas o que ela é em si mesma, também deve estar em seus membros. O que é para nós, deve ser também por nosso intermédio. Jesus Cristo deve continuar a ser proclamado por nosso intermédio, e, por nosso intermédio, deve continuar a brilhar. Isso é mais do que uma obrigação: é, pode-se dizer, uma necessidade orgânica. Os fatos sempre respondem a isso? Por meio de nosso ministério sacerdotal, a Igreja realmente proclama Jesus Cristo?"[7]. Faço-te essa pergunta. Ela é vital.

■ SANTA CATARINA DE SENA, O DIÁLOGO (TRECHOS)

Deus promete os sofrimentos de seus servos, o repouso e a reforma da Igreja.

Na verdade, eu vos digo, quanto mais tribulação abundar no corpo místico da santa Igreja, mais a doçura da consolação será abundante. E qual será essa doçura? Será a reforma e a santidade de seus ministros, que florescerão para a glória e honra de meu Nome, e que me elevarão o perfume de todas as virtudes. São os ministros de minha Igreja que serão reformados, não minha Igreja, pois a pureza de minha noiva não pode ser diminuída e destruída pelas faltas de seus servos.

Alegre-se então, minha filha, com o diretor de sua alma e com meus outros servos; alegre-se com sua tristeza. Eu, que sou a Verdade eterna, prometo aliviá-lo. Depois da dor virá o consolo, porque terás muito sofrido pela reforma da santa Igreja[8].

---

[7] Henri de Lubac, *op. cit.*, p. 188 sq.
[8] *Le Dialogue de sainte Catherine de Sienne*, tradução de E. Cartier, Paris, 1855.

Deus se queixa dos pecados dos cristãos, e especialmente dos de seus ministros.

Então Deus lançou um olhar misericordioso sobre essa alma que o invocou com tais lágrimas fervorosas; ele se deixou vencer pelo ardor de seus desejos e lhe disse: "Minha doce filha, tuas lágrimas são todas poderosas, porque estão unidas à minha caridade e são derramadas por amor a mim. Não posso resistir a seus desejos. Mas veja as impurezas que desonram o rosto de minha esposa. Ela carrega como uma terrível lepra a impureza, o amor-próprio, o orgulho e a ganância daqueles que vivem em seus pecados. Todos os cristãos estão infectados por ela, e o Corpo Místico da Santa Igreja não está livre dela!

Sim, meus ministros, que se alimentam do leite de seu seio, não pensam que devem distribuí-lo a todos os fiéis e àqueles que desejam deixar a escuridão do erro e se apegar à Igreja. Veja como eles me servem de forma ignorante e ingrata. Que indignas e desrespeitosas são as mãos que recebem o leite de minha Noiva e o sangue de meu Filho! O que dá vida lhes causa a morte, porque abusam daquele sangue que deveria superar as trevas, lançar luz e confundir a falsidade.

Este sangue precioso é a fonte de todo bem; ele salva e aperfeiçoa todo homem que busca recebê-lo; ele dá vida e graça mais ou menos abundantemente, de acordo com a disposição da alma; mas traz apenas a morte para aquele que vive em pecado. É culpa daquele que vive em pecado. É culpa de quem recebe, não culpa do sangue ou culpa daqueles que o administram; poderiam ser mais culpados sem alterar sua virtude; seu pecado não pode prejudicar aquele que recebe, mas somente eles, se não se purificarem em contrição e arrependimento.

Sim, é uma grande desgraça receber indignamente o sangue de meu Filho; é profanar a alma e o corpo; é ser cruel consigo mesmo e com o próximo; é privar-se da graça; é pisotear o benefício do sangue recebido no Batismo que lavou a mancha original. Dei-te a Palavra, meu único Filho, porque toda a raça humana foi corrompida pelo pecado do primeiro homem e, tendo saído da carne viciada de Adão, não mais pudeste adquirir a vida eterna"[9].

Dos muitos outros pecados cometidos por maus pastores.

Olhe para este sacerdote! Não é a suma do que é sua esposa, ou ele a trata apenas como uma esposa adúltera [...].

Ó homem miserável! A que ponto chegaste! Estas são as almas que deverias buscar e conduzir pela honra e glória do meu Nome! Era nos jardins da Santa Igreja que deverias morar, e estás correndo pelo bosque! Tu te tornaste um animal, te divertes em sua alma com uma multidão de animais que são os muitos pecados mortais, é por isso que te tornaste um avestruz e um caçador de animais! O jardim de tua alma se tornou um deserto, uma mata de espinhos. É por isso que gostas de correr por lugares desertos após as feras da floresta.

Então cora, ó homem! Considera teus crimes: seja qual for tua aparência, tens motivos para corar! Mas não, estás além da vergonha, porque perdeu o verdadeiro e santo temor de Mim! Como uma cortesã sem vergonha, te gabas de ter uma grande posição no mundo, de ter uma bela família, de ter um grande grupo de crianças! Se não tens nenhum, procuras ter algum, para deixar herdeiros de sua fortuna. Mas és apenas um bandido, és apenas um ladrão! Sabes muito bem que não podes deixar estes bens e que seus herdeiros são os pobres e a Igreja santa. O diabo encarnado! Espírito sem luz, buscas o que não deves buscar; lisonjeias a ti mesmo, te orgulhas do que deve

---

[9] Le Dialogue de Sainte Catherine de Sienne, op. cit.

cobri-lo de confusão e o fazer corar diante de Mim, que vê o fundo de teu coração. Os próprios homens o desprezam, mas os chifres de seu orgulho o impedem de ver sua vergonha!

Ó querida filha, eu havia colocado este sacerdote na ponte da doutrina e de minha Verdade, para que ele vos administrasse, a vós, os viajantes, os sacramentos da santa Igreja. E agora ele desceu abaixo do convés, ele entrou na torrente dos prazeres e misérias do mundo. É lá que ele realiza seu ministério, sem perceber que a enchente da morte vai levá-lo e levá-lo com os demônios, seus mestres a quem ele serviu tão bem. Ele assim se deixa ir, sem resistência, com o fluxo da água, na corrente do rio. Se ele não parar, vai para a condenação eterna, com tantas acusações e acusações contra ele que sua língua não pôde dizer. Sua responsabilidade é mais pesada do que qualquer outra. Portanto, a mesma falha é punida mais severamente nele do que nos homens do mundo. Mais impiedosa também é a acusação que seus inimigos fazem contra ele quando, no momento da morte, se levantam para repreendê-lo por sua vida, como já lhe disse[10].

Sobre a diferença entre a morte dos justos e a dos pecadores. E, antes de tudo, sobre a morte dos justos.

Meus ministros receberam uma dignidade maior por causa de seu sacerdócio. Seu ministério particular é alimentar almas para a minha honra. Certamente, a cada um e a cada uma delas foi dado, foi ordenado, a permanecer no amor ao próximo. Mas somente a eles, aos meus ministros, foi confiada a tarefa de guiar as almas e assegurar-lhes o serviço do Sangue. Se cumprirem este dever com zelo, por amor à virtude, como já lhes disse, receberão mais do que os outros.

---

[10] Le Dialogue de Sainte Catherine de Sienne, tradução de R. P. Hurtaud, Paris, 1913.

Quão felizes são as almas destes sacerdotes quando chegam a este fim! Durante toda sua vida eles permaneceram apóstolos e defensores da fé para o próximo. A fé penetrou assim em suas almas até a própria medula dos seus ossos, e esta fé lhes mostra o lugar que obterão em mim.

A esperança que sustentou suas vidas não teve nenhum apoio, exceto em minha Providência. Não era em si mesmos que eles tinham depositado sua confiança, eles não iriam descansar sobre seu próprio conhecimento. Uma vez que eles tinham perdido toda esperança em si mesmos, não tinham nenhum apego indevido a nenhuma criatura. Nada do que foi criado levou seu amor. Viveram mal e voluntariamente: assim desligados de tudo o resto, expandiram à vontade a única esperança que depositavam em mim.

Seus corações eram vasos de amor cheios da mais ardente caridade, levando meu Nome e proclamando-o a seus próximos pelos exemplos de uma boa e santa vida não menos que pelos ensinamentos da palavra. Este coração se eleva para Mim, a esta hora, com um amor inefável. Este coração, portanto, se eleva para Mim, a esta hora, com um amor inefável; ele Me abraça com todas as suas forças, Eu que sou seu fim, sendo a pérola da justiça que sempre carregou diante de si, fazendo o bem a todos, e entregando fielmente a cada um o que lhe era devido. E assim Ele me faz, por sua humildade, a justiça a que tenho direito. Ele dá honra e glória ao meu Nome, proclamando que foi pela graça que foi dado a ele passar o tempo de sua vida com uma consciência pura e santa; e ele tem para si a justiça que merece, confessando-se indigno de ter recebido e de receber uma graça tão grande. Sua consciência dá testemunho de mim e eu lhe dou, segundo seu mérito, a coroa da justiça, adornada com pérolas preciosas, que são as boas obras que a caridade fez produzir suas virtudes.

Ó Anjo da Terra, bendito sejas tu por não teres sido ingrato pelos benefícios que de Mim recebeste, por não os teres negligenciado ou desconsiderado! Iluminado pela verdadeira luz, sua preocupação sempre esteve aberta aos que lhe foram confiados. Pastor fiel, de coração viril seguiste a doutrina do verdadeiro e bom Pastor, o gentil Cristo Jesus, meu único Filho. E assim foi por seu intermédio, na verdade, que vieste até mim, banhado e afogado em seu sangue, com o rebanho de suas ovelhas, muitas das quais já conduziste à vida eterna por sua santa doutrina e por seu exemplo, e muitas mais das quais deixas em estado de graça.

Ó querida filha, como podem ser incomodados pela visão do demônio, os que me veem já pela fé e que me possuem pelo amor? Neles não há corrupção, não há pecado: as trevas, os terrores da última passagem, não lhes causam nenhum medo, nenhum pavor. Eles não têm medo de escravidão: tudo é sagrado em seu medo. Eles não têm medo das ilusões do diabo, cujas armadilhas lhes foram reveladas pela luz sobrenatural e pela revelação das Sagradas Escrituras; assim, suas almas não são escurecidas nem perturbadas por elas.

Assim eles passam gloriosamente, banhados no Sangue, com um ardente desejo de salvação das almas, todos abrasados pelo amor ao próximo. Eles passam pela porta da Palavra, entram em mim, e minha bondade atribui a cada um seu lugar e sua posição, de acordo com o grau de caridade que eles tiveram para comigo[11].

▎ MEDITAÇÃO

Sejam quais forem as dificuldades pelas quais a Igreja está passando neste momento, sejam quais forem os hor-

---

[11] *Le Dialogue de Sainte Catherine de Sienne*, tradução R. P. Hurtaud, *op. cit.*

ríveis escândalos dos quais alguns altos prelados foram culpados, sejam quais forem as corrupções financeiras das quais ela é acusada, queridos sacerdotes e fiéis leigos, nunca permitamos que a idéia fatal de "romper o vínculo da paz por uma separação sacrílega de nossa Mãe, a Santa Igreja", se insinue em nossas mentes. Não nos orgulhemos de que, colocando-nos fora da Igreja, ainda podemos permanecer na sociedade de Cristo. Mas vamos repetir a nós mesmos com Santo Agostinho: "Para viver pelo Espírito de Cristo, é preciso habitar em seu Corpo, e é na medida em que se ama a Igreja de Cristo que se tem o Espírito Santo em si mesmo"[12]. Podemos ficar decepcionados com muitas coisas no contexto humano da Igreja. Pode ser que sejamos, sem culpa nossa, profundamente mal-entendidos. Pode ser que, dentro da própria Igreja, tenhamos que sofrer perseguição. No entanto, sejamos felizes, diante do Pai que vê em segredo, de participar desta forma na *veritatis unitas* que imploramos para todos na Sexta-feira Santa. Sejamos felizes se depois comprarmos ao preço do sangue da alma esta experiência íntima que dará eficácia aos nossos sotaques quando tivermos que apoiar algum irmão abalado, dizendo-lhe com São João Crisóstomo: "Não te separes da Igreja! Nenhum poder tem sua força. Tua esperança é a Igreja. Tua salvação é a Igreja. Teu refúgio é a Igreja. Ela é mais alta que o céu e mais larga que a terra. Ela nunca envelhece. Seu vigor é eterno"[13].

Para dissipar qualquer desânimo e qualquer desejo de romper com a Igreja, tomemos dois exemplos: Martinho

---

[12] Cf. Santo Agostinho. *Tractatus In Ioannem*, tract. 32, n° 8.
[13] João Crisóstomo. *Homélie en faveur d'Eutrope*, c. 6, P.G. 53, 402.

Lutero e São Francisco de Assis. Em jeito de introdução, vamos considerar o que Georges Bernanos diz sobre este assunto: o grande escritor católico contrasta a atitude do reformador com a resistência dos santos. No livro intitulado *Frère Martin*, encontramos esta reflexão muito luminosa:

"Há fariseus na Igreja, o fariseu continua a circular nas veias deste grande Corpo, e cada vez que a caridade enfraquece, o afeto crônico leva a uma crise aguda. [...] A indignação nunca redimiu ninguém, mas provavelmente perdeu muitas almas, e todas as orgias simoníacas da Roma do século XVI teriam sido de pouco proveito para o diabo se eles não tivessem tido sucesso no golpe único de lançar Lutero no desespero, e com este monge indomável, dois terços de toda a cristandade gentil. Lutero e seus seguidores desesperaram da Igreja, e quem desesperar da Igreja, mais cedo ou mais tarde, desesperará do homem. Desse ponto de vista, o protestantismo me parece um compromisso com o desespero. O infortúnio de Martinho Lutero foi reivindicar a reforma [...]. [Agora] quem afirma reformar a Igreja [...] pelos mesmos meios que se reforma uma sociedade temporal, não só falha em seu empreendimento, mas infalivelmente acaba fora da Igreja. Uma reforma da Igreja dá-se somente pelo sofrimento por ela, uma reforma da Igreja visível dá-se somente pelo sofrimento pela Igreja invisível. Uma reforma dos vícios da Igreja ocorre apenas dando o exemplo de suas virtudes mais heróicas. É possível que São Francisco de Assis não estivesse menos revoltado que Lutero pelo desdém e pela simonia dos prelados. É até certo que ele sofreu mais cruelmente com isso, pois sua natureza era bem diferente daquela do monge de

Weimar. Mas ele não desafiou a iniquidade, não tentou enfrentá-la, atirou-se na pobreza, nela mergulhou o mais profundamente possível, com seu próprio povo, como na fonte de toda a remissão, de toda a pureza. Em vez de tentar arrancar da Igreja os ganhos mal obtidos, ele a encheu de tesouros invisíveis, e sob a mão gentil deste homem o monte de ouro e luxúria começou a florescer como uma sebe de abril [...]. [Assim,] a Igreja não precisa de reformadores, mas de santos"[14].

Falemos primeiramente sobre o reformador Martinho Lutero. Em 2017, recordamos o aniversário de quinhentos anos da postagem que o então monge agostiniano Martinho Lutero fez em uma igreja de Wittenberg de noventa e cinco teses que, em particular, condenavam a prática das indulgências ensinada pela Igreja, mas também outros pontos relativos à fé, como a realidade do purgatório. Esse ato público é geralmente considerado o início do que é comumente chamado de "Reforma". Em 1517, de fato, e apesar dos altos e baixos que se seguiram, Martinho Lutero já havia rompido com o coração da Igreja de Cristo, e estava seguindo apenas suas próprias visões errôneas. No entanto, como veremos, Martinho Lutero já havia sido um monge devoto e zeloso.

Nascido em 1483, em uma boa família cristã, Martinho foi atraído pela religião desde cedo, e mais tarde pela teologia. Embora seu pai quisesse que ele se tornasse um advogado, ele decidiu tornar-se monge agostiniano, jun-

---

[14] Georges Bernanos. *Frère Martin*, in: *La Vocation spirituelle de la France*, textos inéditos reunidos e apresentados por Jean-Loup Bernanos; Paris, Plon, 1975.

tando-se à Ordem em 1505. Ordenado sacerdote em 1507, obteve o doutorado em teologia em 1512. A partir daí, sua vida foi a de um professor e pregador. Lutero tinha recebido uma boa educação e certamente foi influenciado intelectualmente pela leitura de vários grandes autores, tais como Aristóteles e Guilherme de Ockham. Entretanto, foi com base em sua vida interior pessoal, em sua experiência espiritual íntima, que Lutero construiria uma nova doutrina que se afastaria dos ensinamentos da Igreja Católica. Além disso, Lutero tinha um temperamento rico e apaixonado, com o corolário de fortes tentações: contra a castidade, uma atração pela boa comida, uma propensão à raiva, um espírito de independência a ponto de orgulho... Em 1515, como parte de seu ensinamento, ele começou a comentar as Cartas de São Paulo, e em particular a primeira delas na ordem da Bíblia, a Carta aos Romanos, que é imensamente rica, incrivelmente poderosa, mas também extremamente difícil de entender. Baseado no que ele acreditava ter entendido a partir deste texto, baseando-se unicamente em seu próprio pensamento e sem referência à Tradição da Igreja, Martinho Lutero desenvolveu uma nova teologia que, a partir daquele momento, era radicalmente incompatível com a da Igreja Católica, mesmo que a ruptura externa e pública com ela levasse algum tempo. A pergunta que o atormentou foi: "Posso ser salvo mesmo que tenha tentações?".

Segundo a doutrina católica, graças aos méritos de Cristo, o homem que aceita a revelação divina pela fé e que, movido pela esperança da salvação divina, quer arrepender-se de seus pecados e voltar-se para Deus, obtém a graça, seus pecados são perdoados e sua alma é regenerada e santificada; ele então se torna, segundo a expressão de São Pedro, "participante da natureza divina" (2Pd 1,4). De fato, "iluminados pelo Filho unigênito, somos transformados", diz São Cirilo de Alexandria, "naquela Palavra que dá vida a todos os seres"[15]. "Por causa do grande amor com que Ele nos amou, quando estávamos mortos por nossos erros, Ele nos fez viver novamente com Cristo: pela graça fomos salvos", diz São Paulo em sua Carta aos Efésios (Ef 2,4-5). O cristão que vive da caridade é, portanto, como São Paulo diz com frequência, "santo", porque ele foi purificado, transformado, santificado internamente e se tornou um verdadeiro Amigo de Deus por meio de uma semelhança eficaz e estável. Sendo o Amigo de Deus, ele faz espontaneamente as obras de Deus, as boas obras da virtude que o faz merecer, pela graça de Cristo nele presente, a salvação e, portanto, a felicidade do céu.

Lutero rejeita esta verdade. Para ele, o fato de ter abraçado a fé e a vida cristã não remove o pecado da alma. Para Martinho Lutero, o cristão permanece, na realidade, sempre um pecador, e sua alma permanece bastante corrupta. Mas como Cristo merece a salvação para os homens pelo sacrifício da Cruz, o manto dos méritos de Cristo cobre a profanação de nossa alma, e nosso Pai, vendo este manto em nós, nos aceita no Céu. As boas obras, portanto, não têm poder de mérito, já que o homem sempre permanece interiormente pecador, mas simplesmente encorajam o cristão a perseverar na fé.

---

[15] São Cirilo de Alexandria. *Comentário à Segunda Carta aos Coríntios.*

Este é o núcleo do que Lutero chama de "a verdade do Evangelho". A partir disso, o resto de sua doutrina flui naturalmente: primeiro, o questionamento da Igreja institucional. A Igreja não é divina, tanto mais porque afirma que o homem pode se salvar por meio de boas obras, enquanto que, como mostra a experiência decepcionante de Lutero na vida monástica, essas boas obras são incapazes de remover o pecado. Como a alma do cristão não é transformada pela graça, os sacramentos não trabalham mais nada de real nela. Pela mesma razão, a Santa Missa perde todo o sentido. Somente um memorial da Ceia do Senhor será preservado, para nos lembrar do sacrifício único de Cristo na cruz e para reavivar nossa fé em sua redenção. Mas Lutero não se contentou com esta eliminação da missa. Como padre descontente e monge infiel aos seus votos, ele desenvolveu um ódio ao Santo Sacrifício da Missa: "A missa", declarou ele em 1521, "é a maior e mais horrível de todas as abominações papistas". E ele concluiu: "Se a missa cair, cai o papado". Como as boas obras, especialmente os votos monásticos, eram inúteis e enganosos, Lutero decidiu voltar ao estado laico e, em 1525, casou-se com uma ex-monja, Catarina de Bora, e teve seis filhos. Quando Martinho Lutero morreu, em 18 de fevereiro de 1546, a Guerra dos Trinta Anos estava devastando a Alemanha, uma guerra que se espalhou pela maior parte da Europa e depois pelo mundo inteiro.

Martinho Lutero, o reformador, falhou da seguinte maneira: em vez de purificar a Igreja por dentro, ele cindiu o Corpo Místico de Cristo, causando as terríveis guerras de religião[16]. Mas Deus governa o mundo, sendo isso denominado de Providência. Quando a Igreja excomungou Martinho Lutero em 1521, Deus levantou Santo Inácio de Loyola no mesmo ano, que, por meio de suas instituições de ensino para jovens e seus Exercícios Espirituais tentaria restaurar a alma da Igreja e contribuir para a sobrevivência da civilização cristã.

Como veremos, a situação é bem diferente com Francisco de Assis que, no século XIII, empreendeu a reforma da Igreja por meio da santidade e da penitência[17]. Para entender o caminho reformador de São Francisco, devemos partir de sua conversão e concretamente do que se chama o "beijo no leproso". Ele mesmo testemunha: "Enquanto eu ainda estava em pecado, a visão dos leprosos era insuportável para mim. Mas o próprio Senhor me conduziu entre eles; eu os acalentei de todo o coração; e quando voltei, o que me pareceu tão amargo se transformou em doçura de espírito e corpo. Depois, aguardei um pouco e disse adeus ao mundo[18].

Jesus nos diz: "Se alguém quiser me seguir, renuncie a si mesmo, tome sua cruz e siga-me. Quem quiser salvar sua vida irá perdê-la, mas quem perder sua vida por minha causa a salvará" (Mt 16,24-25). Francisco de Assis, ao abraçar o leproso, renunciou a si mesmo, aceitando o que era mais "amargo" e o que era mais repugnante à sua natu-

---

[16] Cf. Jacques Maritain. *Trois réformateurs : Luther, Descartes, Rousseau, in: Œuvres complètes*, volume 3, Paris, Éditions Saint-Paul, 1982.
[17] Cf. Raniero Cantalamessa. Primeira pregação do Advento no Vaticano, 6 de dezembro de 2013.
[18] Extrato do *Testamento* de São Francisco de Assis, 1-3, citado por Raniero Cantalamesa, *op. cit.*

reza. Ele fez violência a si mesmo. Francisco não foi espontaneamente aos leprosos, movido pela compaixão humana. "O próprio Senhor", escreveu ele, "me conduziu entre eles". Francisco não se casou com a pobreza, nem mesmo com os pobres; ele se casou com Cristo e foi por amor a Ele que ele se casou, por assim dizer, "no segundo casamento", com a Senhora Pobreza. É assim que sempre será a santidade cristã. Como um evento tão íntimo e pessoal como a conversão do jovem Francisco poderia desencadear um movimento que mudou a face da Igreja em seu tempo e ter uma influência tão forte na história até os dias de hoje?

Devemos olhar um momento para o contexto. Na época de Francisco, a reforma da Igreja era uma exigência da qual todos estavam mais ou menos conscientes. O Corpo da Igreja estava passando por profundas tensões e divisões. A Igreja estava desmoronando e caindo em ruína sob o peso de suas infidelidades e corrupção, seu comportamento mundano, sua luxúria e pecados. Conhecemos aqueles dois episódios muito significativos na vida de São Francisco: primeiro, as famosas palavras do crucifixo de São Damião, "Vai, Francisco, e repara minha Igreja que, como vês, está caindo em ruínas", e depois o sonho do Papa Inocêncio III no qual ele vê Francisco apoiar com seus ombros a catedral-basílica em colapso de São João de Latrão. O caminho de reforma de Francisco pode ser descrito por esta simples expressão: o retorno radical ao Evangelho. Durante uma missa, Francisco ouviu a passagem evangélica sobre o envio dos discípulos: Jesus "os enviou para proclamar o Reino de Deus e para curar". Ele lhes disse: "Não levem nada para o caminho, nem manto, nem bolsa, nem pão, nem dinheiro" (Lc 9,2-3).Esta foi uma revelação deslumbrante para ele, uma revelação que transforma e guia toda sua vida. A partir daquele dia, sua missão tornou-se clara para ele: um retorno simples e radical ao verdadeiro Evangelho, vivido e pregado por Jesus. Em termos concretos, era uma questão de reviver no mundo a forma e o estilo de vida de Jesus e dos Apóstolos descritos nos Evangelhos. Ele começa sua Regra dizendo aos frades: "A Regra e a vida dos frades menores é esta: observar o Santo Evangelho de Nosso Senhor Jesus Cristo". Esse retorno radical ao Evangelho se reflete, sobretudo, na pregação de Francisco. Surpreendentemente, ele quase sempre fala em "fazer penitência". Desde o momento de sua conversão, com grande fervor e alegria, ele pregou a penitência e edificou a todos com a simplicidade e pureza de suas palavras e a magnificência de seu coração. Onde quer que ele fosse, disse Francisco, recomendava e pedia penitência. Não é esta a mensagem que a Virgem Maria nos repete em cada uma de suas aparições: "Orai e fazei penitência"? Pois não há evangelização possível sem a prática da penitência. Francisco apenas refaz o grande chamado à conversão com o qual a pregação de Jesus no Evangelho e a dos Apóstolos no dia de Pentecostes se abriu. O que ele quis dizer com "conversão" ele não precisou explicar: toda a sua vida o mostrou. Este é o caminho da santidade que, dentro da Igreja, a regenera em profundidade, purificando-a de seus pecados. Mas devemos, como os santos, orar, orar, orar e fazer penitência.

II
UM REMÉDIO CONTRA A HIPOCRISIA
A partir de uma meditação de São Gregório Magno

INTRODUÇÃO

O sacerdote torna Cristo sacramentalmente presente. Que mistério insondável! Mesmo se ele fosse um mentiroso, um pervertido, um medíocre e o mais vil e repulsivo dos pecadores, ele é a mão de Cristo que abençoa, santifica, absolve e consagra. Santo Agostinho resume isso em palavras muito fortes, comparando o sacerdote ao traidor, Judas: "Quando o apóstolo Pedro batiza, é Jesus quem batiza nele, mas quando Judas, o traidor, batiza, ainda é Jesus quem nele batiza"[1]. Que mistério! O desafio da vida de um sacerdote é, portanto, tornar-se diariamente o que ele é profundamente. Ele procura constantemente configurar-se a Cristo, de quem é ministro. Todos os movimentos de seu coração: sua conduta, seu pensamento, suas ações e suas palavras terão como única preocupa-

---
[1] Santo Agostinho. *Ep. Io.*, tr. VI, 7.

ção reproduzir os mistérios da vida de Jesus. Nós, cristãos, morremos com o Cristo, "carregamos em toda parte e sempre em nosso corpo os sofrimentos da morte de Jesus, para que a vida de Jesus também se manifeste em nosso corpo" (2Cor 4,10). Nós não vivemos mais nossa própria vida, mas a vida de Cristo, "uma vida de inocência, uma vida de pureza e santidade, uma vida de simplicidade e de todas as virtudes", diz Santo Ambrósio. Assim, cada sacerdote tem um dever especial, em virtude de sua consagração e missão, de suportar a morte de Jesus e reproduzir em sua vida a vida e a santidade de Cristo. "No Cura d'Ars", diz São João Paulo II, "vemos um sacerdote que não se contentou em realizar externamente os gestos de redenção: ele participou deles em seu próprio ser, em seu amor por Cristo, em sua oração constante, na oferta de suas provações e mortificações voluntárias". Como disse aos padres de Notre-Dame de Paris em 30 de maio de 1980: "O Cura d'Ars permanece para todos os países do mundo um modelo sem igual, tanto do cumprimento do ministério quanto da santidade do ministro. Isso obviamente pressupõe uma verdadeira intimidade com Jesus, uma imitação e uma configuração a Cristo. O 'mistério' do qual o sacerdote é o 'dispensador' (cf. 1Cor 4,1) é, em última análise, o próprio Jesus Cristo que, no Espírito, é a fonte da santidade e o chamado à santificação. O 'mistério' deve estar no coração da vida cotidiana do sacerdote. Portanto, requer uma grande vigilância e consciência. É novamente o rito da ordenação que precede as palavras citadas acima com a recomendação: 'Estejas consciente do que farás'. Já São Paulo advertia o bispo Timóteo: 'Não negligencies o dom de Deus que está em ti, que te foi conferido pelo dom da profecia acompanhado pela imposição de mãos da assembleia dos presbíteros. Considerai isto com grande gravidade' (1Tm 4,14-15)"[2].

Se o padre não busca essa unidade de vida, corre o risco de desenvolver uma dissociação de personalidade, vivendo como um estranho à sua própria identidade interior. Que tragédia! Que naufrágio! Esse perigo de dissociação entre a vida sacerdotal e a vida privada é como um precipício que se abre a cada momento sob os pés dos sacerdotes. Eles devem repetir constantemente para si mesmos que não têm sua vida sacerdotal, sua "vida profissional" de um lado e sua vida privada do outro. Ser padre não é uma profissão, é uma identidade que deve se tornar uma identificação. A cada momento, o padre deve tomar consciência de que deve tornar-se existencialmente o que ele é essencialmente. Isso é o que está em jogo na santidade sacerdotal. São Gregório Magno estava bem ciente disso já no século VII.

Os sacerdotes que não são santos não são apenas medíocres. Eles levam ao mal aqueles a quem são encarregados de liderar. O pecado de um pastor não é um assunto particular. Ele feriu todo o rebanho com uma ferida profunda. Assim, torna-se claro o quão ambígua e até incoerente é a noção de vida privada de um padre. Toda sua vida é sacerdotal e pastoral, porque é inteiramente dedicada a uma santidade marcada pela unção sacerdotal, é comandada pelo caráter batismal e pelo caráter sacerdotal. A santidade para um sacerdote não é apenas desejada. É uma necessidade vital para ele e para o povo de Deus.

---

[2] João Paulo II. *Preleção aos padres e seminaristas em Ars*, n° 5.

SÃO GREGÓRIO MAGNO, *REGRA PASTORAL* (TRECHOS)

Aqueles que não colocam em suas vidas as verdades que aprenderam na oração não devem assumir os deveres de pastores.

Encontramos homens que mostram um trabalho inteligente no estudo sério das coisas espirituais, mas que colocam em um segundo plano de suas vidas as verdades que sua mente está penetrando. Eles pregam imediatamente coisas que adquiriram não pela prática, mas apenas pela reflexão intelectual; e o que suas palavras declaram, negam por suas ações. Assim, acontece que o pastor passa por caminhos perigosos e seu rebanho o segue para o abismo. Portanto, por meio de seu profeta, Deus condena a ciência mal orientada destes pastores, dizendo: "Quando vós mesmos haveis bebido a água mais límpida, turvastes o resto com vossos pés; e minhas ovelhas tiveram que se alimentar do que vossos pés pisaram, e beber do que vossos pés turvaram" (Ez 34,18-19). Os pastores bebem a água mais límpida quando retiram com competência diretamente das fontes da verdade. Mas corromper os frutos da meditação sobre coisas sagradas, vivendo mal, é turvar esta água com os próprios pés. E as ovelhas bebem a água que os pés de seus pastores agitaram porque os fiéis não seguem as palavras que ouvem, mas copiam os exemplos de depravação que veem. Eles têm sede de palavras; mas como essas palavras são pervertidas por ações, os fiéis extraem dessas fontes corruptas apenas lama misturada com sua bebida.

É por isso que um profeta escreveu: "Os maus sacerdotes são uma armadilha destrutiva para o meu povo" (Os 5,1). E o Senhor, por aquele outro mensageiro, diz destes sacerdotes: "Tornaram-se um obstáculo para a casa de Israel" (Ez 44,12). Pois ninguém faz mais mal na Igreja do que um homem que se comporta de maneira indigna, mas tem reputação de santidade ou detém um ofício sagrado. Pois ninguém ousa denunciar a infâmia de tal culpado; e é com intensidade que o crime é difundido como exemplo, quando seu perpetrador é homenageado por causa do respeito devido ao cargo que ocupa. Homens tão indignos fugiriam do peso esmagador de tal culpa se suas almas dessem atenção ansiosas a esta sentença de verdade: "Aquele que escandalizar um destes pequeninos que creem em Mim, seria melhor para ele se uma pedra de moinho fosse amarrada ao seu pescoço, e ele fosse lançado ao fundo do mar". Ora, "a pedra de moinho que um asno vira" designa a labuta e as formas tortuosas da vida mundana; quanto ao "fundo do mar", significa a suprema danação. Para ele, então, que desceu ao ponto de fingir santidade, ou que, pela palavra ou pelo exemplo, causa a perda de outros, certamente teria sido melhor que uma vida de pecado o tivesse acorrentado à morte sob o manto secular do que vê-lo exibido como modelo de pecado para outros em razão das funções sagradas que ele exerce. Pois se apenas ele tivesse se perdido, a tortura de seu inferno teria sido menos grave[3]!

Do pesado fardo do ministério pastoral; e que se deve desprezar a adversidade e temer a prosperidade.

Anunciamos brevemente que mostraríamos como é pesado o fardo do cargo de pastor. Queremos evitar que aqueles que são incapazes de carregá-la assumam o risco de profaná-la e de se tornarem líderes da perdição pela depravação desta dignidade. Esta foi a barreira que o Apóstolo Tiago estabeleceu quando disse: "Meus irmãos, não sejam muitos entre vós que se estabeleçam como mestres" (Tg 3,1). Assim, o próprio Mediador entre Deus e os homens, cujo conhe-

---

[3] São Gregório Magno. *Regra pastoral*, ed. de Joseph Boutet, Bruges-Paris, 1928, I, 2.

cimento e sabedoria superam os dos espíritos celestiais, e que antes dos séculos reinavam no céu, recusou-se a ser rei aqui embaixo. De fato, está escrito: "Sabendo, pois, que eles vinham levá-lo para fazê-lo rei, Jesus retirou-se novamente sozinho para a montanha" (Jo 6,15). E, ainda assim, quem poderia ter governado melhor os homens sem a menor imperfeição senão aquele que teria de liderar aqueles que ele mesmo criou? Mas porque tinha vindo em carne e osso não só para nos redimir com sua morte, mas também para nos ensinar com sua vida, ele não queria ser feito rei, dando assim um exemplo para seus discípulos, mas foi livremente para o lenho da Cruz. Ele rejeitou a glória do poder soberano que lhe foi oferecido, e preferiu a pena de uma morte infame, para que seus membros aprendessem claramente a evitar os favores do mundo, a amar as adversidades sofridas por causa da verdade e a partir com medo da prosperidade: pois esta última muitas vezes profana o coração pelo orgulho, enquanto o sofrimento o purifica pela dor.

Em meio à adversidade a alma se eleva, enquanto, em meio à prosperidade, cai no exato momento em que se eleva. No sucesso o homem se esquece de si mesmo; mas, no julgamento, ele é forçado, mesmo apesar de si mesmo, a ver-se a si mesmo. Quando tudo tem sucesso, as boas obras [...] muitas vezes murcham, enquanto que, quando se sofre, até mesmo as falhas dos tempos passados são expiadas. Pois na escola do fracasso o coração muitas vezes permanece justo. Pelo contrário, aquele que atinge grande poder corre o risco de se transformar em orgulho intoxicado pela posse da glória[4].

Que o pastor tenha compaixão de cada uma de suas ovelhas em particular, e que seja exaltado na contemplação acima de todos os fiéis.

---

[4] Ibid.

Que o pastor tenha compaixão de cada uma de suas ovelhas em particular, e que se eleve em contemplação acima de todos os fiéis, para que, com as entranhas da misericórdia, ele possa tomar sobre si as enfermidades dos outros, e pela sublimidade da contemplação se eleve acima de si em nostalgia das realidades invisíveis. De tal forma que, ao perseguir as coisas celestiais, ele nunca desconsidera as necessidades do próximo, e ele igualmente não perde o gosto pelas coisas do alto ao descer e se ocupar das necessidades materiais de seus irmãos. [...] O apóstolo Paulo, preso pelo vínculo da caridade com as coisas do céu, bem como com as da terra, é ao mesmo tempo irresistivelmente levado pela ação do Espírito para com as realidades sublimes, e, por bondade, torna-se gentilmente fraco para com os outros. É de fato em tais sentimentos que ele escreve: "Quem é fraco para que eu também não seja fraco? Quem pode cair sem ser consumido pelo fogo?" (2Cor 11,29). E novamente ele diz: "Fiz-me judeu com os judeus" (1Cor 9,20). E disso ele deu provas, não por minimizar a fé, mas por expandir a misericórdia; identificando-se com a pessoa dos descrentes, a fim de aprender com sua própria experiência como ele poderia simpatizar com as necessidades dos outros e dedicar-se a eles da maneira como ele mesmo desejaria ter sido devotado a ele se estivesse no lugar deles. É por isso que ele acrescenta: "Se vivemos, é para Deus que vivemos; se morremos, é para Deus que morremos" (2Cor 5,13). Em contemplação, ele havia experimentado ser retirado de si mesmo e, ao descer ao nível daqueles que o escutavam, havia aprendido a voltar a ser ele mesmo. [...] Assim, aquele que a contemplação tomou dentro do santuário está, fora, repleto de atividade para os assuntos temporais dos mais fracos. No tabernáculo, o sacerdote contempla os mistérios de Deus; fora, ele carrega o fardo dos assuntos humanos. Moisés também, em questões duvidosas, recorreu invariavelmente ao tabernáculo e tomou conselho do Senhor na presença da arca da Aliança, dando assim sem dúvida um exemplo aos líderes das igrejas; de modo que, quando hesitam sobre uma decisão que têm de tomar publicamente, entram em si como num tabernáculo, e pedem o conselho do Senhor diante da arca da Aliança, meditando interiormente nas páginas da palavra sagrada a respeito das resoluções sobre as quais duvidam[5].

■ Meditação

O Papa São Gregório nos dá um remédio contra a hipocrisia sacerdotal, aquela atitude que consiste em agir em contradição com o próprio ser. Ele sugere três maneiras. Primeiro, desprezar a adversidade e temer a prosperidade. Traduziria isso como a recusa de conformar nosso julgamento com os critérios do mundo. Como o sacerdote é removido dos laços do mundo e entregue totalmente a Deus, ele deve deixar resolutamente o mundo enquanto permanece no mundo. É isso que São João nos exorta a fazer em sua primeira carta, quando diz: "Eu vos escrevi, filhinhos, porque sois fortes e a palavra de Deus habita em vós, e vencestes o maligno. Não ameis o mundo ou o que há no mundo. Se alguém ama o mundo, o amor do Pai não está nele" (1Jo 2,14-15).

O mundo que nós, sacerdotes, jovens ou mais velhos, não devemos amar, e ao qual não devemos nos conformar, não é, como bem sabemos, o mundo criado e amado por Deus. Tampouco são as pessoas do mundo a quem, ao contrário, devemos sempre ir — especialmente os pobres e os últimos dos pobres — para anunciar-lhes o Evangelho de Jesus Cristo, amá-los e servi-los humilde e generosamen-

---
[5] São Gregório Magno, *op. cit.*, II, 5.

te... Não! O mundo que não deve ser amado é outro mundo; é o mundo como se tornou sob o domínio de Satanás e do pecado, o mundo das ideologias que se opõem frontalmente a Deus, negam a natureza humana e suas leis, destroem vidas humanas, mutilam-nas e demolem os princípios morais, a família e as sociedades. Isso é o que chamamos de adaptação ao *Zeitgeist*, conformidade, consenso. Um grande poeta britânico do século passado, Thomas Stearns Eliot, escreveu três linhas que dizem mais do que livros inteiros: "Em um mundo de fugitivos, aquele que tomar a direção oposta parecerá um desertor".

Caros jovens sacerdotes, e vós que sois mais velhos no sacerdócio, deixai-me dizer-vos novamente com São João: "Vós vencestes o maligno!". Estai entre aqueles que tomam a direção oposta. Ousai ir contra a maré de nossas sociedades decadentes. Para nós, cristãos, a direção oposta não é um lugar. É uma Pessoa: é Jesus Cristo, Nosso Senhor, nosso Deus e nosso Redentor. O primeiro e único Redentor do mundo. Segui-o, Ele é o único caminho que o conduz ao Pai e à plena realização de vosso sacerdócio. Isso exige que aceiteis carregar a Cruz e que assumais serenamente o fracasso e o desprezo do mundo. Isso exige que se rejeite todo o sucesso mundano e a popularidade midiática.

Para o mundo, o sucesso, a popularidade na mídia, é a garantia do sucesso. Para o sacerdote, o julgamento, a Cruz, é a garantia de que se está no caminho certo: o de Cristo. O sucesso mundano retém a alma na glória secular. O coração fica tragado por ele. Torna-se um prisioneiro. Perde-se toda a coragem profética. Teme-se ser criticado pela mídia. Assim, para ser visto e para se estar seguro, adota-se sua linguagem, submete-se a suas ideologias. Começamos a censurar ou diluir a Palavra de Deus sob o pretexto de que, se a transmitíssemos como saiu da boca de Deus, ela não convenceria, ou não seria aceita. Vivemos com medo de sermos chamados de fanáticos, intransigentes, rigorosos, com o risco de sermos odiados e rejeitados. O sacerdote torna-se então um "comunicador" a serviço de uma ideologia. Mas saibamos que não estamos aqui apenas para ser amados, mas para amar. Não estamos aqui para sermos aprovados, mas para proclamar a verdade. Não estamos aqui para sermos populares, mas para servir. Se quisermos ser aprovados, se quisermos ser populares, seremos desviados e não saberemos como dizer o que é nosso dever dizer. Devemos proclamar a tempo e fora do tempo a verdade que Jesus Cristo e seu Evangelho são, quer agrade ou provoque rejeição e traga ódio, perseguição e martírio para nós. Esta é a ordem que Deus nos dá quando diz: "Filho do homem, envio-te aos israelitas, aos rebeldes que se rebelaram contra mim. Eles e seus pais se rebelaram contra mim até os dias de hoje. [...] Envio-te a eles para dizer: 'Assim diz o Senhor Yaweh'. Quer ouçam ou não, eles são uma ninhada rebelde; saberão que há um profeta entre eles" (Ez 2,3-5). A verdade não é um incômodo só hoje em dia. As testemunhas da verdade sempre irritaram os orgulhosos, os astutos ou os céticos. É por isso que Sócrates, os profetas de Israel, João Batista, o precursor, e o próprio Jesus, o Salvador, foram outrora eliminados pelo castigo mais horrendo, o castigo da Cruz. Não é a aclamação do povo que trará o Reino de Deus, mas a aceitação do Pai que está nos céus.

O ministério e o ensino de Jesus testemunham que ele foi enviado pelo Pai. Abrir nossas vidas para ele é deixar de saber o que ele disse e fez para acolher sua fé e aderir sinceramente à sua Palavra de Vida. Nestes tempos em que, nas redes sociais, estamos constantemente contando o número de pessoas que assinam ou gostam de nossas publicações, há um grande perigo de buscar o sucesso mais do que a Cruz.

Na Sexta-feira Santa, Jesus era muito impopular. Todos gritavam: "Morte a este homem... Crucifica-o, crucifica-o!". Eles o crucificaram em um lugar chamado Gólgota. E foi no Gólgota que ele foi totalmente sacerdote. Jesus, o Sacerdote Soberano, chegou ao cume de seu sacerdócio coberto de saliva, humilhação, insultos e com um rosto inchado, sozinho, abandonado na cruz, e não no Hosana do Domingo de Ramos. Lembremo-nos disso quando julgarmos nossas vidas como padres! Recordemos, insiste São Gregório, que Jesus "desdenhou a glória do poder soberano que lhe foi oferecido, e preferiu a pena de uma morte infame, para que seus membros aprendessem claramente a evitar os favores do mundo, a amar as adversidades sofridas por causa da verdade, e a partir com medo da prosperidade; pois esta última muitas vezes contamina o coração com o orgulho, enquanto o sofrimento o purifica com a dor".

O segundo grande meio que São Gregório nos apresenta é abrir nossos corações à compaixão: "Por fraqueza, para ser suavemente fraco para com os outros". Assim escreve São Paulo: "Quem é fraco para que eu não seja fraco? Quem está caindo, para que um fogo não me queime" (2Cor 11,29). A Carta aos Hebreus afirma que temos um Sumo Sacerdote, Cristo, que é capaz de simpatizar com nossas misérias. "Porque todo Sumo Sacerdote, tomado dentre os homens, é designado para intervir em favor dos homens em suas relações com Deus, para oferecer dons e sacrifícios pelos pecados. Ele pode sentir compaixão pelos ignorantes e pelos decaídos, pois ele mesmo também está envolto em fraqueza" (Hb 5,1-2). Tornar presente Cristo sacerdote é tornar presente aquele coração que é capaz de se abrir ao sofrimento dos outros. O coração do sacerdote deve sofrer com aqueles que sofrem. Ele deve assumir esse sofrimento, chorar com aqueles que choram.

Sabemos muito bem que é ao sacerdote que vamos quando esgotamos todas as outras avenidas. Nele, todos devem ter a certeza de encontrar um coração que escute, um homem que nunca fique indiferente. Às vezes, o padre não está em condições de dar esmola, nem de encontrar uma solução para os problemas que lhe são apresentados. Mas ele pode sempre ouvir, simpatizar, amar e rezar. Ele é o amigo universal e benevolente.

Tornar nossos corações "suavemente fracos", como diz São Gregório, não é um compromisso ou uma diminuição da verdade. O grande Papa São Gregório explica: o sacerdote deve agir "não minimizando a fé, mas expandindo a misericórdia, identificando-se em si mesmo com a pessoa do infiel, a fim de aprender com sua própria experiência de que forma ele poderia simpatizar com as necessidades dos outros". É, de fato, uma questão de experiência. Todo padre deve assumir o sofrimento de descrentes desesperados, de pais humilhados, de mães exaustas, de crianças desorientadas. Escutá-los com o coração aberto é experimentar seu próprio sofrimento.

Para quê? Podes perguntar. Oferecer este sofrimento ao Pai de misericórdia, orar, oferecer sobre a patena no ofertório o sofrimento do mundo, para que ele possa elevar-se até o coração da Trindade, onde reside a única verdadeira felicidade. O sacerdote tem a tarefa de acolher o sofrimento a fim de fazê-lo subir ao coração do Pai e de transmitir o amor de Deus ao coração dos pobres. Ele é o mediador do sofrimento e do amor.

Isso implica um terceiro antídoto para a hipocrisia: o incessante ir e vir da oração à ação. Não é apenas uma questão de manter tempo para rezar. Isso é necessário, mas não suficiente. É uma questão, no coração de cada ação, de cada reunião, de entrar regularmente na intimidade do coração onde Deus reside. Como diz São Gregório: "No tabernáculo, o sacerdote contempla os mistérios de Deus; fora, ele carrega o fardo dos assuntos humanos. Moisés também, em questões duvidosas, recorreu invariavelmente ao tabernáculo e tomou conselho do Senhor na presença da arca da aliança, dando assim sem dúvida um exemplo aos líderes das igrejas; de modo que, quando hesitam sobre uma decisão que têm de tomar publicamente, entram em si como num tabernáculo, e pedem o conselho do Senhor diante da arca da Aliança, meditando interiormente nas páginas da palavra sagrada a respeito das resoluções sobre as quais duvidam". Assim, uma vez que a decisão tenha sido tomada na presença do e com o Senhor, a ação também deve tornar-se oração incessante. Ora, quando o padre escuta, consola ou abençoa, ao ritmo de seu batimento cardíaco, uma oração interior se eleva a Deus.

III
O SACERDOTE: NADA E TUDO
A partir de uma meditação de São João Crisóstomo

INTRODUÇÃO

Atribui-se a São Norberto a seguinte sentença: "Ó sacerdote, quem és tu? Não és por ti mesmo, já que não és de ninguém. Não és para ti mesmo, já que és o mediador dos homens. Não és teu dono, pois és o esposo da Igreja. Não és teu senhor, já que és o servo de todos. Não és tu mesmo, pois és Deus. Quem és, então? Nada e tudo". Essas palavras falam bem do mistério do sacerdócio. Um padre é convidado a conhecer os pobres e os ricos, os doentes e os necessitados, a estar próximo daqueles que pertencem à nobreza e às pessoas de origem social humilde. Ele é obrigado a saber guiar, ensinar e santificar. Espera-se que ele aconselhe os cônjuges, empresários, a serem cheios de compaixão por aqueles que sofrem e a irem ao altar todos os dias para renovar o sacrifício do Calvário. Espera-se que o sacerdote saiba "como se comportar na casa de Deus — quero dizer na Igreja do Deus vivo —, o alicerce e o apoio da verdade" (1Tm 3,15). Por nada no mundo o padre deve ficar calado sobre a verdade. Pois, como Jesus, ele deve ser capaz de dizer: "Eu vim ao mundo para dar testemunho da verdade. Quem é da verdade ouve minha voz" (Jo 18,37). Muitas pessoas hoje pedem à Igreja, em nome da paz social e da harmonia, que mantenha em silêncio as verdades da fé cristã quando ela fala publicamente. Da mesma forma, essa paz é usada para justificar a inação culpável e o silêncio dos pastores diante daqueles que põem em perigo a própria unidade da Igreja e distorcem seus ensinamentos. Na encíclica *Caritas in veritate*, de Bento XVI, lemos: "O amor na verdade (*caritas in veritate*), que Jesus testemunhou em sua vida terrena e especialmente por meio de sua morte e ressurreição, é a força dinâmica essencial para o verdadeiro desenvolvimento de cada pessoa e da humanidade como um todo. [...] Daí a necessidade de combinar amor com verdade, não apenas na direção indicada por São Paulo: a da '*veritas in caritate*' (Ef 4,15), mas também na direção oposta e complementar da '*caritas in veritate*'. A verdade deve ser buscada, descoberta e expressa na 'economia' do Amor, mas o Amor, por sua vez, deve ser compreendido, verificado e praticado à luz da verdade"[1].

A verdade a tudo precede. Se a paz é um efeito de caridade e amor, pode haver paz autêntica onde a verdade é negada? Parece-me que não devemos hesitar em tomar para nós o que Blaise Pascal escreveu:

"Como a paz nos Estados não tem outro objetivo que preservar os bens do povo em segurança, assim a paz na

---

[1] Bento XVI. *Caritas in veritate*, n° 1 e 2.

Igreja não tem outro objetivo senão preservar em segurança a verdade que é seu bem, e o tesouro onde está seu coração. E como seria contrário ao propósito da paz permitir que estranhos entrem num Estado para saqueá-lo, sem se opor a eles, por medo de perturbar seu descanso (porque a paz, sendo justa e útil apenas para a segurança do bem, se torna injusta e perniciosa quando se permite que ela se perca, e a guerra que a pode defender torna-se justa e necessária), da mesma forma, na Igreja, quando a verdade é ofendida pelos inimigos da fé, quando se deseja arrancá-la do coração dos fiéis para fazer reinar ali o erro, seria para servir a Igreja ou para traí-la? Seria para defendê-la ou para arruiná-la? E não é claro que, como é um crime perturbar a paz onde reina a verdade, é um crime permanecer em paz quando a verdade é destruída? Portanto, há um tempo em que a paz é justa e outro em que ela é injusta. E está escrito que há tempos de paz e tempos de guerra, e é o interesse da verdade que os distingue. Mas não há tempo de verdade e tempo de erro, e está escrito, pelo contrário, que a verdade de Deus permanece para sempre. E, portanto, Jesus Cristo, que diz que veio para trazer a paz, diz também que veio para trazer a guerra; mas não diz que veio para trazer tanto a verdade como mentira. A verdade é, portanto, a primeira regra e o último fim das coisas"[2].

Sim, espera-se que o sacerdote seja um pacificador, um homem de Deus e, portanto, uma testemunha da verdade.

---

[2] Blaise Pascal. Pensamento 771, *in: Pensées*, ed. Sellier, Paris, Le Livre de Poche, 2000.

São João Crisóstomo.
Diálogo sobre o sacerdócio (VI, 4)

Os sacerdotes são o sal da terra; mas quem suportaria facilmente nossos erros e nossa falta de experiência em todas as coisas, senão Tu, que estás habituado a nos amar de forma excessiva? Pois não se deve apenas ser puro para ser considerado digno de tal serviço, mas também se deve ser muito conhecedor e ter ampla experiência. Não deve estar menos familiarizado com as coisas da vida do que aqueles que vivem no mundo, mas deve se afastar de todas essas coisas mais do que os monges que habitam as montanhas. Como o sacerdote tem que viver na companhia de homens que têm esposas, que criam filhos, que dão ordens aos criados, que estão rodeados de grande riqueza, que administram os assuntos do Estado, que têm escritórios importantes, deve ser diferenciado. Diferente não quer dizer enganador, nem lisonjeiro, nem hipócrita, mas cheio de liberdade e confiança, sabendo como alcançar os outros de forma eficaz quando as circunstâncias assim o exigem, sendo, ao mesmo tempo, gentil e descomplicado. De fato, não é possível tratar todos os que estão sob a autoridade de alguém da mesma maneira, pois não convém que os médicos tratem seus doentes com um só tipo de tratamento, nem que o piloto conheça apenas um meio de enfrentar os ventos; pois há tempestades constantes sitiando esta embarcação, e estas tempestades não só vêm de fora, mas se levantam de dentro, e requerem muita flexibilidade e discernimento. Todas essas coisas diferentes têm apenas um propósito: a glória de Deus e a edificação da Igreja [...].

Mas se examinarmos o relacionamento com Deus, descobriremos que estas dificuldades não são nada, então é necessário um zelo muito maior e mais atento nesse campo. Um homem que é o embaixador de uma cidade inteira, o que deve dizer de si mesmo? Do mundo inteiro, e que ora a Deus para ser indulgente com as falhas de todos, não só dos vivos, mas também daqueles que se foram, o que ele deve ser? Quanto a mim, penso que a confiança de Moisés e a de Elias não é suficiente para tal súplica. Pois, como se ele tivesse a seu cargo o mundo inteiro, e fosse ele mesmo o pai de todos, assim ele vem diante de Deus, implorando-lhe que extinga as guerras em todos os lugares, que ponha um fim aos problemas, pedindo paz, abundância e uma rápida libertação de todos os males que ameaçam a todos em particular e em público. Por mais que ele deva ser excelente em todas as coisas ainda mais do que aqueles por quem ele reza, tanto é apropriado que aquele que está à frente da comunidade seja ainda melhor do que aqueles que formam a comunidade. Quando ele invoca o Espírito Santo, quando realiza o sacrifício que inspira grande temor, quando está em contato constante com o Mestre comum de todos, onde devemos colocá-lo? Dizei-me. Que pureza e piedade devemos exigir dele? Imaginai, de fato, que mãos devem realizar tal serviço, que língua deve falar tais palavras; sobre quem não deve prevalecer a alma que deve receber este Espírito em pureza e santidade? Além disso, os anjos estão ao redor do sacerdote, e o lugar sagrado a partir do qual as leituras são proclamadas e todo o espaço ao redor do altar é preenchido com poderes celestiais em honra daquele que está ali. O que acontece, então, é suficiente para nos convencer.

E não tremes quando trazes uma alma como a minha para a celebração de tão santos mistérios, quando se eleva à categoria de sacerdote aquele que está vestido com roupas impuras, aquele que Cristo expulsou do coro dos convidados? A alma do sacerdote deve brilhar como uma luz que ilumina toda a terra; a nossa está envolta na sombra de uma consciência tão má que está constantemente nela imersa e não pode mais levantar os olhos com confiança para seu mestre[3].

---

[3] São João Crisóstomo. *Dialogue sur le sacerdoce*, trad. de d'Anne-Marie Malingrey, in: *Sources chrétiennes*, n° 272, Paris, Cerf, 1980.

■ MEDITAÇÃO

Quem ousaria dizer: estou pronto para tudo isso? Quem poderia dizer: estou à altura? "Como é assustador ser padre! O sacerdote é um homem que toma o lugar de Deus, um homem que está revestido de todos os poderes de Deus", disse o Cura d'Ars[4]. O temor é certamente necessário para o sacerdote. Não o temor servil, medo de Deus, medo do olhar dos outros: esse sentimento imaturo faz de alguém um escravo. Ela manifesta um orgulho secreto, como se nos recusássemos a deixar a verdade revelar nossa verdadeira fraqueza. O temor necessário para o sacerdote é o temor filial e alegre. É o temor que, baseado em um realismo pacífico sobre nossas limitações, nos faz tremer de espanto e gratidão diante do dom que Deus nos dá. O sacerdote deve se maravilhar todos os dias: Cristo quer continuar, por meu intermédio, tão pobre, tão indigno, tão insuficiente. Sem esta gratidão e adoração temerosa diante da grandeza do dom, corremos o risco de tornar nossa vocação só nossa. Nada poderia ser pior. Isso abriria a porta para todos os tipos de abuso. Mas para permanecer neste temor salutar, devemos considerar constantemente a grandeza do presente. Tornar trivial o sacerdócio seria um erro. Querer fazer do padre um homem como qualquer outro seria um enorme erro. Em muitos países, os cristãos têm o costume de beijar as mãos do sacerdote no dia de sua ordenação. Por que venerar suas mãos? Que padre seria suficientemente tolo para acreditar que sua personalidade seria venerada desta forma? Neste gesto inspirado

---

[4] Bernard Nodet. *Jean-Marie Vianney, curé d'Ars. Sa pensée, son cœur*, Paris, Cerf, 2006, p. 99.

pela intuição do povo de Deus, por seu *sensus fidei*, é Cristo que é venerado, não o sacerdote, e, por suas mãos, há pouco ungidas com o Santo Crisma, aqueles trespassados pelo Cristo crucificado.

Os bispos sabem disso muito bem. Durante a liturgia, os sinais de respeito e veneração são multiplicados em relação a eles. É porque eles são santos ou príncipes da Igreja? De forma alguma. Estes gestos são dirigidos ao Bom Pastor que, neles, preside a liturgia. É por isso que, quando presidem a liturgia em nome de Cristo, devem comportar- -se nobremente, com dignidade, grandeza, humildade e ao mesmo tempo simplicidade. Eles devem se afastar diante do Sumo Sacerdote Jesus Cristo, para que seja Ele quem aparece, não eles. Não é progresso ou sinal de simplicidade para um bispo ou padre cair na armadilha grosseira da banalidade, mediocridade, superficialidade ou vulgaridade repugnante. Talvez por isso seja bom que o padre desapareça sob as vestes litúrgicas, que a casula e a alva cubram todo o seu corpo. Para que todos saibam que não se espera que um padre imponha uma personalidade singular e brilhante, mas que deixe transparecer Cristo Jesus.

Mas será que ele não deveria ter personalidade, negar sua humanidade? Pelo contrário, ele deve fazê-la crescer, assumi-la com equilíbrio a fim de conformá-la em profundidade ao coração de Cristo. Não se pede ao sacerdote que seja insípido, mas que deixe Cristo tomar posse de seus dons, de sua personalidade, de seu temperamento. Um violino, para ser um bom instrumento nas mãos do artista, deve estar bem afinado. Da mesma forma, o sacerdote deve trabalhar para o desenvolvimento ordenado e equilibrado das virtudes humanas e morais para ser um bom instrumento nas mãos do artista divino.

Ele não deve, portanto, ter medo de sua personalidade humana, nem dos talentos que o criador inscreveu nela. Da mesma forma, ele deve trabalhar constantemente em sua competência em teologia, exegese, moralidade, espiritualidade, direito canônico e história eclesiástica. Ele deve trabalhar, porque ser um instrumento nunca significa descuidar de nossa parte. Parece-me que os padres deveriam se reunir todos os meses em torno d'Aquele que é o Caminho, a Verdade e a Vida — Jesus Cristo — para trabalhar juntos em um ponto moral ou pastoral. A cada ano, eles deveriam se dar alguns dias para estudar um ponto da teologia ou ler um ensinamento do Magistério. Sem este trabalho, corremos o risco de nos tornarmos menos flexíveis nas mãos de Deus. Sem este trabalho, como as homilias podem ser nutritivas para os fiéis? Pedimos ao Espírito Santo sua luz, certamente, mas sem nosso trabalho, forçamo-lo a realizar milagres para nós. Os fiéis têm o direito de ser exigentes. Eles têm o direito e o dever de repreender fraternalmente o padre que não é exatamente fiel ao ensinamento da Igreja. Os cristãos têm direito a uma alimentação saudável, consistente e rica para o desenvolvimento de sua vida espiritual e humana.

Quanto mais um padre trabalha e se conhece, mais ele estará ciente de que não é o mestre de sua própria ciência e competência, mas o depositário indigno da revelação do Deus Altíssimo. Quanto mais ele entra nessa certeza, mais ele se enche de alegria com a beleza de sua vocação.

IV
SACERDOTE, QUEM ÉS?
A partir de uma meditação de São João Paulo II

Introdução

Antes de mais nada, precisamos entender quem é o padre. Nós não sabemos mais. Muitos sacerdotes hesitam sobre sua identidade. Muitos dos fiéis esperam algo mais de seu padre do que aquilo que ele é. Não se trata aqui de lançar em um grande tratado teológico. Quem poderia responder à nossa pergunta? Devemos perguntar a um especialista, a um teólogo profissional, a um professor? Mas como poderíamos evitar ficar presos por uma escola, uma opinião, uma moda ou as tendências ideológicas e políticas do momento?

Segundo um manuscrito alemão anônimo, "um sacerdote deve ser alto e baixo, nobre de espírito, assim como de sangue real, simples e natural, assim como de sangue camponês; um herói conquistador de si mesmo, um homem que lutou com Deus; uma fonte de santificação, um pecador a quem Deus perdoou. De seus desejos, o mestre, um servo para os tímidos e fracos, que não se inclina diante dos poderosos, mas se curva diante dos pobres. Discípulo de seu Senhor, líder de seu rebanho. Um mendigo de mãos abertas, um portador de inúmeros dons; um homem no campo de batalha, uma mãe para consolar os doentes. Com a sabedoria da idade e a confiança de uma criança, alcançando o Alto, com os pés no chão; feito para a alegria, conhecendo o sofrimento, longe da inveja; clarividente, falando francamente; amigo da paz, inimigo da inércia, sempre constante, tão diferente de mim!".

O sacerdócio não pode ser constantemente redefinido de acordo com o humor dos tempos ou de acordo com as necessidades pastorais, regionais ou culturais. Quem, então, pode nos dizer quem é o sacerdote para Deus? Somente a Igreja pode. Ela sempre ensinou, esclareceu e definiu. Ela diz a seus padres quem eles são. Ela diz ao povo de Deus quem são seus pastores. Esta longa e ininterrupta cadeia de ensinamentos, textos e homilias começa com Jesus e termina com o magistério contemporâneo. Por meio desse elo, damos nossa mão ao próprio Cristo. Esta transmissão ininterrupta tem um nome: a Tradição viva. A Igreja transmite o ensinamento de Jesus, esclarecendo-o e aprofundando-o. Por meio da vida dos cristãos, ela entende cada vez mais profundamente o que deve transmitir. É por isso que esta tradição está viva, crescendo e se renovando constantemente para nos dar mais e mais luz sobre o que recebeu como depósito, que não muda e nunca mudará. O que a Tradição nos diz sobre o sacerdote? A última grande luz que a Igreja nos deu foi o Concílio Vaticano II. Ali ela aprofundou seu ensinamento sobre a identidade sacerdotal. Ela queria dar um olhar contemplativo e espiritual a todo o povo de Deus. Na *Lumen gentium* foi destacada a profunda e necessária complementaridade entre os estados de vida dos batizados: o estado de vida dos leigos, o estado de vida dos sacerdotes e o estado de vida dos religiosos. São Paulo VI tinha pedido que a identidade própria desses três estados de vida fosse aprofundada, a fim de abordar mais profundamente os ensinamentos do Concílio Vaticano II. Esse foi o tema de três sínodos que deram origem a três exortações apostólicas de São João Paulo II: *Christifideles laici. Sobre a vocação e missão dos leigos na Igreja e no mundo* (30 de dezembro de 1988); *Pastores dabo vobis. Sobre a formação dos sacerdotes no mundo contemporâneo* (25 de março de 1992); *Vita consecrata. Sobre a vida consagrada e sua missão na Igreja e no mundo* (25 de março de 1996). Essa reflexão foi completada pela publicação de um documento sobre o mistério e o ministério do bispo, *Pastores gregis* (16 de outubro de 2003).

Parece-me que a principal visão do Concílio é enfatizar que os três estados de vida estão enraizados no batismo. São portanto três modos, três formas específicas de viver o dinamismo batismal, ou seja, o chamado à santidade.

No passado, na Antiga Aliança, somente os sacerdotes tinham vestes sagradas que deviam usar nas cerimônias (Ex 33,23-33; Jl 3,1-5; At 2,17; 21,9; Gl 3,27; 2Cor 1,21). São Paulo nos assegura que este privilégio está agora ultrapassado. Pois, escreve aos gálatas, "todos vós que fostes batizados em Cristo vos revestistes de Cristo" (Gl 3,27). Além disso, todos os batizados receberam a unção que antes era reservada somente para o Sumo Sacerdote. Somente ele poderia entrar no santo dos santos uma vez por ano; hoje, a fé em Jesus Cristo nos dá a todos entrada livre por meio de Seu Sangue: "Tendo, pois, irmãos, a garantia de acesso ao santuário pelo sangue de Jesus, por aquele caminho que ele inaugurou para nós, novo e vivo, pelo véu — isto é, sua carne — e um sumo sacerdote na casa de Deus, aproximemo-nos com o coração sincero, na plenitude da fé, limpos de todas as impurezas de uma má consciência e corpos lavados com água pura" (Hb 10,19-22). Enquanto apenas os descendentes de Aarão tocaram as sagradas oblações, o único corpo sacerdotal da Igreja é alimentado pelo único pão eucarístico. Mas se todos os batizados se revestiram de Cristo, qual é a especificidade do sacerdote?

No passado, talvez fosse possível reduzir o sacerdócio à capacidade de realizar atos a serviço da vida dos cristãos. Talvez tenha sido esquecido que a vida sacerdotal é um caminho específico para a santidade, enraizado no batismo. A fim de salientar a importância central dos sacramentos na vida da Igreja, o sacerdócio às vezes foi reduzido ao poder de consagrar a Eucaristia e de absolver os pecados. Naturalmente, estes atos são centrais para a vida do sacerdote. É claro que este poder (no sentido latino de *potestas*) é real. Mas muito para enfatizar isto, o perigo seria reduzir o sacerdócio a uma função, a um "fazer". Mas o sacerdote vale antes de tudo pelo que ele é e não pelo que ele faz. Longe de nós negar ou mesmo relativizar este poder especificamente sacerdotal de consagrar e absolver. Mas não podemos reduzir o padre a ser um "distribuidor de sacramentos".

Então o que ele é em profundidade? Qual é o seu ser? Sua essência, sua definição? Creio que o Concílio nos dá uma resposta muito profunda que a teologia ainda não explorou o suficiente. Ela nos convida a considerar a unidade do sacramento da Ordem (diáconos, sacerdotes e bispos) a partir do episcopado. De fato, a *Lumen gentium* afirma muito claramente que no episcopado reside "a plenitude do sacerdócio", a "realidade total do ministério sagrado" (*sacri ministeri summa*). Portanto, é para a realidade sacramental do episcopado que devemos procurar entender a essência do sacramento da Ordem, para entender o que são os sacerdotes. Ora, a definição do episcopado que o Concílio nos dá é muito clara: em virtude do caráter sagrado impresso em suas almas pelo sacramento, "os bispos, de maneira proeminente e visível, ocupam o lugar do próprio Cristo Mestre, Pastor e Pontífice, e agem em sua pessoa. Assim, na pessoa dos bispos, assistidos pelos sacerdotes, é o Senhor Jesus Cristo, o supremo pontífice, que está presente em meio aos crentes"[1].

Como gostaria que toda a Igreja finalmente entendesse esse grande e definitivo ensinamento do Concílio!

Essa é a definição do sacerdote, esta é sua essência, sua identidade mais profunda! Ele é aquele que toma o lugar do próprio Cristo e age em sua pessoa. Tenho escrito muitas vezes que o sacerdote não é apenas *alter Christus*, mas *ipse Christus*. Algumas pessoas me reprovaram violentamente por isso. A expressão *alter Christus* se aplica a todo cristão batizado no vocabulário dos Padres da Igreja, mas pode ser usada "com mais razão", dizem São João Paulo II e Bento XVI, com relação ao sacerdote. São Josemaria Es-

---

[1] Const. dogm. sobre a Igreja *Lumen gentium*, n° 21.

crivá vai mais longe, dizendo que todo cristão é *"ipse Christus"* por seu batismo. Gostaria de esclarecer aqui as coisas a partir do Conselho.

O sacerdote não é outro Cristo ao lado de Cristo. Ele é o próprio Cristo, continuando-o sacramentalmente. Configurado ontologicamente com Cristo, ele se torna "o próprio sacramento de Cristo", presente e atuando em seu ministério, tal como nos ensina no diretório *Apostolorum successores* (§ 12) publicado em 2004. Como diz o Concílio, o sacerdote toma o lugar de Cristo e age em sua pessoa (*in persona*). Quando se diz que o sacerdote é *ipse Christus*, fica claro que isso não significa que ele seja "o Verbo que estava com Deus" (cf. Jo 1,1) ou que ele seja como uma nova encarnação. Isso seria manifestamente falso e abriria a porta para todos os tipos de abuso. Nem significa que o padre, por sua ordenação, seria magicamente santo. Sabemos muito bem que nem todos os padres são santos! Eu sei disso antes de tudo, e meu confessor ainda mais, pois ele conhece todas as minhas misérias e meus esforços para lutar pela santidade.

Essa identificação não é psicológica. Sabemos que os padres pedófilos às vezes perverteram profundamente esta noção. Eles fizeram suas vítimas acreditarem que tudo o que pediam era desejado por Cristo porque eram sacerdotes. Pelo contrário, a identificação com Cristo, longe de criar uma forma de impunidade psicológica, deve ser uma fonte perpétua de exigência para o padre. Ele deve se perguntar constantemente: minha vida está em conformidade com a de Cristo? Serei eu, como ele, o servo de todos?

O Concílio deixa claro que a raiz desse ser sacerdotal é a sacramentalidade. Esse caráter molda nossa alma. Ele lhe dá sua identidade. É o fundamento do estado de vida do padre, ou seja, a forma específica de viver a santidade batismal. Para um sacerdote, trata-se de tomar o lugar de Cristo e agir não apenas em seu nome, mas em sua pessoa. Ser padre é tornar Cristo presente. Isso não garante minha santidade nem minha competência! Mas é o meu ser, minha identidade profunda e definitiva na Igreja. O padre torna presente Cristo sacerdote, pastor e esposo da Igreja.

Quando o sacerdote visita uma pessoa doente, ele torna presente àquele membro sofredor da Igreja a pessoa de Cristo sacerdote. Ele pode ser desajeitado e menos competente do ponto de vista humano do que uma freira ou uma pessoa leiga mais bem treinada para essa tarefa. Mas há uma coisa que só ele pode fazer: tornar Cristo sacerdote e pastor instrumentalmente presente ao paciente. Essa presença culmina nos atos sacramentais: o dom do Corpo de Cristo, absolvição dos pecados, unção com o óleo sagrado dos enfermos. Essa presença é um ser instrumental. Cristo, sacerdote e pastor, quer necessitar da humanidade do sacerdote, identificado com a sua pelo caráter sacramental, para se fazer presente. A pessoa inteira do sacerdote se torna um instrumento de Cristo. Ele representa Cristo não como um embaixador, mas "reapresentando-o", fazendo-o presente por meio de sua pessoa, que se torna uma extensão da humanidade de Cristo. É por isso que o sigilo da confissão é absoluto. O que o padre ouviu pertence somente a Cristo. Um padre que conta os pecados que ouve no confessionário comete um pecado muito grave, ele insulta a Deus e aos penitentes. O bispo deve retirar definitivamente seu direito de confessar, pois ao fazê-lo, trai Cristo, não se identifica com Cristo.

O Cardeal Lustiger gostava de lembrar aos padres: "Devemos ousar dizer: nós somos Cristo! Esta é a identidade do padre: a identidade de Cristo"[2].

Caros cristãos, que maravilha! O padre não é um véu, uma tela entre Cristo e nós. Pelo contrário, por seu intermédio, por intermédio de sua pessoa sacramental, o próprio Jesus me toca, me abençoa, me olha e me fala! Eu estou em contato com a humanidade de Jesus. Quando um padre ensina catecismo a crianças, ele pode ser desajeitado. Muitas vezes, os leigos, homens ou mulheres, são mais dotados e melhor preparados para esta arte delicada de anunciar Deus a seus filhos. Mas quando um sacerdote humilde fala a seus filhos, verdadeira, misteriosa e sacramentalmente, Jesus, o Bom Pastor, está presente entre eles. Essa presença não é substancial como a presença eucarística, mas é sacramental, como ensina expressamente São João Paulo II, ou seja, tanto um sinal como uma realidade. O Concílio recorda esta presença de Cristo no sacerdote, afirmando que "Cristo está sempre presente em sua Igreja, especialmente nas ações litúrgicas". Ele está presente no Sacrifício da Missa e na pessoa do ministro, o mesmo que agora se oferece pelo ministério dos sacerdotes, que se ofereceu na cruz e, no mais alto grau, sob as espécies eucarísticas"[3].

É importante ressaltar que essa presença é ministerial. A alma do sacerdote é a alma de um ministro, ou seja, de um servo. É por isso que ninguém pode ser padre sem ser diácono. Para fazer Cristo pastor presente, e *a fortiori*

---

[2] Cardinal Lustiger. Homilia de uma Ordenação, 28 de junho de 1986.
[3] *Sacrosanctum concilium*, n° 7.

Cristo líder, devemos primeiro fazer Cristo servo presente. Esta presença ministerial de Cristo, que define a identidade sacerdotal, não implica uma santidade automática do sacerdote. Retornaremos a esse assunto mais tarde. Esse é um grande mistério. Às vezes Jesus se faz presente pelo ministério de sacerdotes indignos. Mas sabemos agora que a santidade sacerdotal será esta luta, esta luta para viver concretamente, a cada momento, a plenitude deste ser ministerial: ser o instrumento pelo qual Jesus o pastor se faz presente à sua Igreja.

SÃO JOÃO PAULO II, PASTORES DABO VOBIS (CAPÍTULO 2, § 14-16)

No serviço deste sacerdócio universal da Nova Aliança, Jesus chamou para si, no decorrer de sua missão terrestre, vários de seus discípulos; com a autoridade de uma missão específica, ele chama e institui os Doze "para serem seus companheiros e para enviá-los a pregar, com poder para expulsar demônios" (Mc 3,14-15).

Assim, já durante seu ministério público (cf. Mt 16,18) e, depois de sua morte e ressurreição (cf. Mt 28,16-20; Jo 20-21), Jesus confere a Pedro e aos Doze poderes muito especiais em relação à futura comunidade e para a evangelização de todos os povos. Tendo-os chamado para segui-lo, ele os mantém perto de si e vive com eles, comunicando sua mensagem de salvação pelo exemplo e a palavra; finalmente, ele os envia a todas as pessoas. Para o cumprimento dessa missão, Jesus confere aos Apóstolos, com a força da efusão pascal do Espírito Santo, a mesma autoridade messiânica que recebeu do Pai, que lhe foi conferida, e que se manifestou em plenitude pela Ressurreição: "Toda autoridade me foi dada no céu e na terra. Ide, pois, fazei discípulos de *todas as nações, batizando-as em nome do Pai e do Filho e do Espírito Santo, e ensinando-as a observar tudo o que vos ensinei. Eis que estou sempre convosco até o fim dos tempos"* (Mt 28,18-20).

Jesus estabelece, assim, uma relação rigorosa entre o ministério confiado aos Apóstolos e sua própria missão: "Quem vos acolhe a mim acolhe, e quem me acolhe, também acolhe Aquele que me enviou" (Mt 10,40); *"Quem vos ouve a mim ouve, e quem vos rejeita a mim rejeita, e quem me rejeita, rejeita Aquele que me enviou"* (Lc 10,16). *Além disso, no quarto Evangelho, à luz do acontecimento pascal da morte e ressurreição, Jesus afirma com grande força e clareza: "Como o Pai me enviou, também eu vos envio"* (Jo 20,21; cf. Jo 13,20; Jo 17,18). *Assim como Jesus tem uma missão que vem diretamente de Deus e torna presente a própria autoridade de Deus (cf. Mt 7,29; Mt 21,23; Mc 1,27; Mc 11,28; Lc 20,2; Lc 24,19), também os Apóstolos têm uma missão que vem de Jesus. Como "o Filho nada pode fazer de si mesmo"* (Jo 5,19), *sua doutrina não é sua, mas daquele que O enviou (cf. Jo 7,16), assim Jesus diz aos Apóstolos: "Sem mim nada podeis fazer"* (Jo 15,5); *sua missão não é sua própria, mas a própria missão de Jesus. Sua realização não é possível com a força humana, mas somente com o "dom" de Cristo e seu Espírito, com a graça sacramental: "Recebei o Espírito Santo. Aqueles cujos pecados perdoardes, serão perdoados; aqueles cujos pecados retiverdes, serão retidos"* (Jo 20,22-23). *Assim, não é em virtude de qualquer mérito particular, mas somente em virtude de uma livre participação na graça de Cristo, que os Apóstolos buscam na história, até o fim dos tempos, a missão da salvação do próprio Cristo pelos homens.*

O sinal e o pressuposto da autenticidade e fecundidade desta missão é a unidade dos Apóstolos com Jesus e, nele, entre si e com o Pai, como testemunha a oração sacerdotal do Senhor, que é a síntese de sua missão (cf. Jo 17,20-23).

Por sua vez, os Apóstolos, instituídos pelo Senhor, cumprirão progressivamente sua missão chamando, em várias formas, mas finalmente convergentes, outros homens como bispos, sacerdotes e diáconos, para cumprir a missão recebida de Cristo Ressuscitado que os enviou a todos os homens de todos os tempos.

O Novo Testamento enfatiza unanimemente que o próprio Espírito de Cristo introduziu no ministério estes homens escolhidos entre os irmãos. Pelo gesto da imposição de mãos (cf. At 6,6; 1Tm 4,14; 1Tm 5,22; 2Tm 1,6), que transmite o dom do Espírito, estes homens são chamados e capacitados para continuar o mesmo ministério de reconciliação, pastoreio do rebanho de Deus e ensino (cf. At 20,28; 1Pd 5,2).

Os sacerdotes são assim chamados a prolongar a presença de Cristo, o único Pastor, redescobrindo seu modo de vida e tornando-se, por assim dizer, transparentes para ele no meio do rebanho a eles confiado. Como a Primeira Carta de Pedro escreve clara e precisamente: "Exorto os anciãos entre vós, sendo também eu um ancião, testemunha dos sofrimentos de Cristo, que deve compartilhar a glória que deve ser revelada. Guardai o rebanho de Deus que vos é confiado, vigiando-o, não sob coação, mas de boa vontade, segundo Deus; não para obter uma vantagem sórdida, mas com um ímpeto do coração; não fazendo-se senhores sobre aqueles que são seus herdeiros, mas tornando-se os modelos do rebanho. E quando o Pastor Chefe aparecer, recebereis a coroa da glória que não se desvanece" (1Pd 5,1-4).

Na Igreja e para a Igreja, os sacerdotes representam sacramentalmente Jesus Cristo, Cabeça e Pastor[4], proclamam de modo autêntico a Palavra, repetem seus gestos de perdão e oferta de salvação, especialmente por meio do Batismo, da Penitência e da Eucaristia, exercem sua solicitude amorosa, a ponto de se doarem totalmente

---

[4] Grifo nosso.

pelo rebanho que reúnem em unidade e conduzem ao Pai por Cristo no Espírito. Em uma palavra, os sacerdotes existem e agem para a proclamação do Evangelho ao mundo e para a construção da Igreja em nome de Cristo, Cabeça e Pastor em pessoa.

Esta é a forma típica e particular pela qual os ministros ordenados participam do único sacerdócio de Cristo. Pela unção do sacramento da Ordem, o Espírito Santo os configura, de forma nova e específica, a Jesus Cristo Cabeça e Pastor, os conforma interiormente a ele e os anima com sua caridade pastoral; e, na Igreja, os faz servos qualificados para o anúncio do Evangelho a todas as criaturas e para a plenitude da vida cristã de todos os batizados.

A verdade do sacerdote que emana da Palavra de Deus, isto é, do próprio Jesus Cristo, e de seu plano para a constituição da Igreja, é cantada em alegre ação litúrgica de graças no prefácio da Missa da Crisma: "Pela unção do Espírito Santo, fizeste de seu Filho o único sacerdote da nova e eterna aliança, e quiseste que seu único sacerdócio permanecesse vivo na Igreja". É ele, Cristo, [...] que escolhe, em seu amor por seus irmãos, aqueles que, recebendo a imposição das mãos, participarão de seu ministério. [Eles] serão verdadeiras testemunhas de fé e caridade, prontos a dar suas vidas como Cristo por seus irmãos e por ti.

A relação fundamental do sacerdote é aquela que o une a Jesus Cristo, Cabeça e Pastor: ele participa, de forma específica e autêntica, da "consagração" ou "unção" e da "missão" de Cristo (cf. Lc 4,18-20). Entretanto, essa relação está intimamente ligada àquela que o une à Igreja. Essas não são simplesmente "relações" justapostas: elas mesmas estão intimamente unidas por uma espécie de imensidão recíproca. A referência à Igreja está inscrita na única e mesma relação do sacerdote com Cristo, no sentido de que é a "representação sacramental" de Cristo que funda e anima sua relação com a Igreja.

Nesse sentido, os Padres sinodais escreveram: "Na medida em que ele representa Cristo Cabeça, Pastor e Esposo da Igreja, o sacerdote é colocado não somente na Igreja, mas também diante da Igreja[5]. *O sacerdócio, juntamente com a Palavra de Deus e os sinais sacramentais dos quais ele é o servo, pertence aos elementos constitutivos da Igreja. O ministério do sacerdote está inteiramente a serviço da Igreja, a fim de promover o exercício do sacerdócio comum de todo o povo de Deus; está ordenado não apenas à Igreja doméstica, mas também da Igreja universal*" (cf. Presbyterorum ordinis, n. 10), em comunhão com o bispo, com Pedro e sob a autoridade de Pedro. Pelo sacerdócio do bispo, o sacerdócio da segunda ordem é incorporado à estrutura apostólica da Igreja. Assim o sacerdote, como os Apóstolos, cumpre a função de embaixador de Cristo (cf. 2Cor 5,20). Essa é a base do caráter missionário do sacerdócio.

O ministério ordenado nasce assim com a Igreja; tanto o dos bispos ou, em referência e em comunhão com eles, quanto o dos sacerdotes, têm um vínculo particular com o ministério dos Apóstolos em sua origem, do qual realmente assume, mesmo se, em relação a ele, apresenta diferentes modalidades existenciais.

O sacerdócio ordenado não deve, portanto, ser considerado como se fosse anterior à Igreja: está inteiramente a serviço da própria Igreja; mas também não deve ser considerado como posterior à comunidade eclesial, como se esta última pudesse ser entendida como já constituída sem este sacerdócio.

A relação do sacerdote com Jesus Cristo e, nele, com sua Igreja está inscrita no próprio ser do sacerdote, em virtude de sua consagração ou unção sacramental, e em sua ação, ou seja, em sua missão ou ministério. Em particular, "o sacerdote ministro é um servo de Cristo

---

[5] Grifo nosso.

presente no mistério, na comunhão e na missão da Igreja". Por participar da "unção" e da "missão" de Cristo, ele pode prolongar na Igreja sua oração, sua palavra, seu sacrifício, sua ação salvífica. Ele é, portanto, um servo da Igreja misteriosa, porque realiza os sinais eclesiais e sacramentais da presença do Cristo ressuscitado. Ele é um servo da comunhão da Igreja porque — em unidade com o bispo e em estreita conexão com o presbyterium *— ele constrói a unidade da comunidade eclesial na harmonia das diversas vocações, dos carismas e dos serviços. Ele é o servo da missão da Igreja porque faz da comunidade uma comunidade que proclama e testemunha do Evangelho". Finalmente, ele é um servo da missão da Igreja porque ele faz da comunidade uma comunidade de proclamação e testemunho do Evangelho".*

Assim, em seu próprio ser e em sua missão sacramental, o sacerdote aparece na estrutura da Igreja como sinal da prioridade absoluta e da gratuidade da graça, que é dada à Igreja pelo Cristo ressuscitado. Pelo sacerdócio ministerial, a Igreja torna-se consciente, na fé, de que ela não existe por si mesma, mas pela graça de Cristo no Espírito Santo. Os Apóstolos e seus sucessores, como titulares de uma autoridade que lhes vem de Cristo Cabeça e Pastor, são colocados — por seu ministério — diante da Igreja, como uma extensão visível e sinal sacramental de Cristo, em seu próprio lugar diante da Igreja e do mundo, como a origem permanente e sempre nova da salvação, "aquele que salva o Corpo" (Ef 5,23)[6].

■ MEDITAÇÃO

Ao aceitar a ordenação sacerdotal, o sacerdote se coloca totalmente e em todos os momentos à disposição de Cristo. Assim, para nós padres, revestir-se de Cristo é en-

---

[6] Jean-Paul II. *Pastores dabo vobis*, 25 de março de 1992.

tregar-se inteiramente a Ele como Ele se entregou a nós. Este evento é renovado a cada missa, colocando as vestes litúrgicas. Colocando-os de forma solene e não de modo maquinal e distraído, deve nos representar mais do que um fato exterior: é, diz Bento XVI, entrar novamente no "sim" de nosso ofício — naquele "não mais eu" do batismo — que a ordenação sacerdotal nos dá de uma nova maneira e, ao mesmo tempo, nos pede. O fato de estarmos no altar, vestidos com as vestes litúrgicas, deve tornar imediatamente visível para os presentes e para nós mesmos que estamos lá na pessoa de outro. As vestes sacerdotais são uma profunda expressão simbólica do que significa o sacerdócio.

O ato de vesti-las era, outrora, acompanhado por orações que ajudavam a compreender melhor cada elemento do ministério sacerdotal. Começando com as primeiras a serem vestidas. No passado — e ainda hoje nas ordens monásticas – a túnica foi colocada pela primeira vez na cabeça, como uma espécie de capuz, tornando-se assim um símbolo da disciplina dos sentidos e da concentração do pensamento necessária para uma celebração justa e piedosa da missa, vivida com recolhimento, reverência sagrada e temor. Meus pensamentos não devem vagar aqui e ali por trás das preocupações e expectativas da minha vida diária; meus sentidos não devem ser atraídos por aquilo que, dentro da igreja, monopolizaria fortuitamente meus olhos, ouvidos e atenção. Meu coração deve abrir-se docilmente à Palavra de Deus e estar reunido na oração da Igreja, para que meus pensamentos recebam sua orientação a partir das palavras da proclamação e da oração. E o olhar do meu coração deve estar voltado para o Senhor que está entre nós: isso é o que a *Ars celebrandi* significa — a maneira correta de celebrar. Se estou com o Senhor desta maneira e meu olhar está sobre Ele, então, com minha escuta atenta, minha maneira de estar diante d'Ele, de falar e agir, também atrairei outros para a comunhão íntima com Ele.

Os textos de oração que interpretam a alva e a estola apontam todos na mesma direção. A alva: seu nome significa "branco"; simboliza a pureza e a santidade sempre necessárias para celebrar a obra de Deus, como São Bento chama a liturgia. A alva e a estola evocam a roupa festiva que o pai na parábola de Lucas dá ao filho pródigo que volta para casa sujo e esfarrapado. Quando nos aproximamos da liturgia para agir *in persona Christi*, na pessoa de Cristo, todos nós percebemos o quanto estamos longe Dele; quanta sujeira há em nossas vidas. Só ele pode nos dar a roupa da festa, nos tornar santos e dignos de presidir sua mesa, de estar a seu serviço. Assim, as orações também lembram as palavras do Apocalipse de que as vestes dos 144.000 escolhidos tinham sido lavadas e alvejadas no sangue do Cordeiro. "Por isso estão diante do trono de Deus, servindo-o dia e noite em seu templo" (Ap 7,15).

A túnica é a peça superior que o padre veste para celebrar a missa. É originário de um manto romano, a *paenula*, o mesmo manto que São Paulo diz ter esquecido em Troas na casa de Carpos (2Tm 4,13). A casula é a peça de vestuário que cobre completamente o padre que celebra a missa. Ela representa o jugo do Senhor Jesus, que, como sacerdote, nos foi imposto. Recorda as palavras de Cristo que nos convida a suportar seu jugo e a aprender dele e que nos diz que ele é "manso e humilde de coração" (Mt 11,29).

Usar a casula significa aprender d'Ele como nos submeter mansamente e por amor à vontade do Pai, como devemos nos humilhar e desaparecer diante de Jesus Cristo, para que somente Ele possa ser visível. Usar a casula é estar sempre pronto para ir à Sua escola, para que Ele possa nos ensinar a ser gentis e humildes de coração como Ele, a amar a Deus e ao próximo como Ele. É absolutamente insuficiente e triste celebrar o grande Mistério de nossa fé vestindo apenas uma alva e uma estola. Toda Eucaristia é uma solenidade, uma festa e ao mesmo tempo a celebração da crucificação de Jesus. Jesus subiu solenemente ao altar do Gólgota com sua nobre e preciosa túnica; "A túnica era sem costura, tecida numa só peça do alto" (Jo 19,23). Coloquemos também o jugo de Jesus, sua nobre túnica, ao subirmos até o altar do sacrifício para morrer com ele. A missa é o ato mais santo, o ato principal e mais importante de nossa existência sacerdotal[7]. É um ato que nos santifica e nos configura a Cristo pouco antes de sua morte.

Um grande teólogo e místico, Padre Philippon, escreveu uma biografia espiritual de uma mãe mexicana que morreu em 1937, a Beata Maria Concepción (Conchita), cuja cerimônia de beatificação foi celebrada em 4 de maio 2019, no santuário de Nossa Senhora de Guadalupe. O Padre Philippon relata algumas das confidências de Cristo a esta mãe, o que me parece de uma atualidade tocante. Eis como a bendita mulher relaciona o que recebeu em revelação particular: "Entre todos os homens", diz Cristo, "eu escolhi alguns que seriam meus, 'outros eu', aqueles que continuariam a missão que me trouxe à Terra, a de levar

---

[7] Cf. Bento XVI. Homilia da Quinta-feira Santa, 5 de abril de 2007.

a meu Pai o que saiu d'Ele, almas que O glorificarão eternamente. Não vou deixar de lhes dizer o que são sacerdotes para mim: minhas mãos, meus trabalhadores, meu próprio coração e o centro de incontáveis almas. O mundo está abrindo uma ampla brecha no coração dos sacerdotes, e sabes quantos vícios acompanham este formidável inimigo. Quando o Espírito Santo deixa o coração de um sacerdote, é sua ruína, pois se alguém tem não só a necessidade, mas o dever mais imperativo de viver e respirar o Espírito Santo, é o sacerdote. Ai do padre que se afunda no material, ele pode se considerar perdido. Quero amor em meus sacerdotes; quero vida interior; quero que estas almas consagradas vivam na intimidade comigo. Quero que estas almas consagradas vivam em intimidade comigo. O fogo em meus sacerdotes deve ser reacendido, e isto será feito somente pelo Espírito Santo".

"Como disse, haverá tempos piores para minha Igreja e ela precisa de sacerdotes santos que a façam triunfar sobre seus inimigos. Preciso de um exército de sacerdotes santos transformados por Mim. Preciso de outros de Mim mesmo na Terra, pois meu objetivo para os sacerdotes é conseguir sua transformação em Mim. A transformação do padre em Mim que ocorre na Missa deve continuar em sua vida comum, para que esta vida se torne interior, espiritual e divina"[8]. Como não ficarmos cheios de alegria com este chamado divino? É certamente exigente, mas Deus nos dá sua graça. Cabe a nós elogiá-lo e agradecer-lhe todos os dias pelas maravilhas que ele realiza em nós".

---

[8] Marie-Michel Philippon. *Conchita, Journal spirituel d'une mère de famille*, Paris, Desclée de Brouwer, 1975.

V
PARA ACABAR COM O CLERICALISMO
A partir de uma meditação do Cardeal Jean-Marie Lustiger

Introdução

O espírito do mundo infiltra-se na Igreja. O espírito do mundo é tecido com medo, ciúme, mentira, sedução da riqueza material e desejo de dominação. Na Igreja, as rivalidades e as lutas pelo poder surgiram. Isto é provavelmente o que São Paulo VI quis dizer quando falou sobre a fumaça de Satanás na Igreja. Vejo uma das manifestações mais terríveis disso na rivalidade entre os estados de vida. Os clérigos têm ciúmes do caráter secular dos leigos, imitam-nos de modo servil em seu traje, renunciam à batina. Eles começaram a querer investir na ação política, que é o campo próprio dos leigos. Muitos publicam textos, não sobre a Palavra de Deus, mas sobre democracia, boa governança, justiça e paz, ecologia. Há até mesmo uma estranha conversa sobre uma "igreja verde". Da mesma forma, os leigos têm ciúmes do clero. Eles querem imitá-los, presidir liturgias, governar paróquias, pregar durante a liturgia dominical. Agora uma vã e inútil luta pelo poder entre mulheres e homens está sendo encorajada. Algumas mulheres e algumas freiras querem ser padres, e os padres se encolhem de sua paternidade espiritual. De onde vem esta confusão?

Creio que a idéia falsa e destrutiva foi introduzida na Igreja de que cada cargo, cada estado de vida é, acima de tudo, um poder ou um direito. A partir daí, toda a vida da Igreja é analisada em termos de uma luta de poder e de um equilíbrio de poder. Esta estrutura de pensamento, herdada do marxismo, foi popularizada pela teoria francesa nos círculos acadêmicos americanos e europeus. Segundo esta hermenêutica, toda a sociedade é fundamentalmente uma relação de força e dominação. O comportamento nada mais é, portanto, do que uma luta para abolir ou preservar estruturas de dominação e privilégio.

Acredito que o clericalismo é uma atitude que se alimenta deste motivo ulterior. Ela afeta tanto os clérigos quanto os leigos. Ela ameaça perigosamente toda a estrutura e os membros da Igreja: desde o Papa, passando pelos sacerdotes, até o último dos leigos. Caracteriza-se como uma luta pelo poder e dominação: os próprios leigos "clericalizam-se" para tirar o suposto poder dos clérigos. Eles reivindicam "ministérios", concebidos como privilégios externos, que a Igreja primitiva e os primeiros cristãos que assistiram São Paulo nunca criaram nem reivindicaram. Escrevi em *Do profundo de nossos corações*[1] que não era necessário "clericalizar os leigos" para dar-lhes seu legítimo lugar na Igreja e eu perguntei: "Será que as mu-

---
[1] Bento XVI e Cardeal Robert Sarah. *Do profundo de nosso coração, op. cit.*

lheres só seriam respeitáveis se fossem clérigos? Na Igreja, o clericalismo seria a única forma de existir e ter um lugar?". Fiquei particularmente emocionado ao ler palavras semelhantes do Papa Francisco algum tempo depois, em *Querida Amazônia*: "Isto nos convida a ampliar nossa visão para evitar reduzir nossa compreensão da Igreja a estruturas funcionais. Esse reducionismo nos levaria a pensar que só seria concedido às mulheres um status e uma maior participação na Igreja se lhes fosse dado acesso às Ordens Sacras. Mas esta visão, de fato, limitaria as perspectivas, nos levaria à clericalização das mulheres, diminuiria o grande valor do que elas já deram e causaria um empobrecimento sutil de sua contribuição indispensável. Jesus Cristo se apresenta como o Esposo da comunidade que celebra a Eucaristia pela figura de um homem que a preside como um sinal do Sacerdote Único. Este diálogo entre o Esposo e a Noiva, que se eleva em adoração e santifica a comunidade, não deve nos fechar em aproximações parciais ao poder na Igreja. Pois o Senhor quis manifestar Seu poder e amor por meio de dois rostos humanos: o de Seu Filho Divino feito homem e a de uma criatura que é uma mulher, Maria. As mulheres contribuem para a Igreja de uma forma específica e ampliando a força e a ternura de Maria, a Mãe. Desta forma, não nos limitamos a uma abordagem funcional, mas entramos na estrutura íntima da Igreja"[2]. Esta afirmação, tão clara e tão fiel à Tradição, deveria pôr um fim a qualquer investigação teológica sobre a possibilidade de criação de diaconisas na Igreja Católica. Nenhuma das pessoas que ajudaram e apoiaram Paulo em

---

[2] Pape Francisco. *Querida Amazônia*, n° 100-101.

sua missão de evangelização jamais expressou o desejo de ser instituído como ministro. Mencionemos Áquila e sua esposa Priscila, que foram excelentes colaboradores de Paulo em Corinto e Éfeso (At 18,18-19; 1Cor 16,19), e depois em Roma (Rm 16,3; 2Tm 4,19) ou Epafrodito (Fl 2,25) e Epafra (Cl 1,7; 4,12; Rm 23). Apolo, de Alexandria, era um homem culto, bem versado nas Escrituras, que teve muito sucesso em Corinto e Éfeso (At 18,22-29; 1Cor 1,22; 3,4-6; Tt 3,13). São Lucas relata que, além dos Doze que estavam com Jesus, havia mulheres, Maria Madalena, Joana, esposa de Cusa, intendente de Herodes, Susana e muitas outras que os ajudavam com seus bens (Lc 8,1-9; Mt 27,55; Mc 15,41). Nenhuma dessas pessoas alegou ser ministro. Todos eles participaram generosamente e por amor à missão de Jesus. Durante séculos, os catequistas têm participado do trabalho dos missionários com zelo heróico e humilde, sem exigir que lhes seja atribuído um cargo ministerial. Eles nunca quiseram ser escriturários. Eles sempre foram grandes testemunhas e pais e mães maravilhosos.

O clericalismo é uma atitude que transforma um estado de vida, um ministério ou um escritório em propriedade privada e um trampolim para um complexo de ego. O Papa Francisco chama isso de auto-referencialidade. Enquanto cada estado de vida é uma forma específica de referência ao mistério de Cristo e identificação com um aspecto desse mistério, o clericalismo se apropria das missões que eles conferem e as torna um instrumento de poder.

O Vaticano II tinha a brilhante e profética intenção de destacar a complementaridade entre os estados de vida e não sua agressiva competição ou rivalidade. É necessário reler a *Lumen gentium*, que descreve as muitas formas de exercício da santidade: "Nas diversas formas de vida e nos diversos ofícios, há uma santidade cultivada por todos aqueles que são guiados pelo Espírito de Deus e que, obedecendo à voz do Pai e adorando a Deus Pai em espírito e em verdade, caminham nos passos de Cristo, pobres, humildes e sobrecarregados com sua cruz, para que possam merecer tornar-se participantes de sua glória. Cada um deve avançar com determinação, de acordo com seus próprios dons e recursos, no caminho de uma fé viva que estimule a esperança e aja por meio da caridade"[3]. É hora de deixar para trás a falsa lógica da concorrência. "A vocação dos leigos é buscar o Reino de Deus precisamente por meio do serviço das coisas temporais que ordenam segundo Deus"[4]. A vocação dos religiosos consiste em recordar que o mundo não pode ser transformado e oferecido a Deus sem a radicalidade do Evangelho e o espírito das Bem-aventuranças. A vocação própria dos religiosos consiste em recordar profeticamente que o mundo não pode ser transformado e oferecido a Deus fora da radicalidade do Evangelho e do espírito das Bem-aventuranças. A vocação própria dos sacerdotes é representar Cristo Pastor sacramentalmente no meio de seu povo, principalmente pelo dom dos sacramentos, da pregação do Evangelho e do serviço da autoridade, mas também por toda a sua vida. A Igreja não é um lugar de poder, mas de serviço. Repito: muitos leigos são mais competentes e mais bem treinados do que os clérigos em teologia ou trabalho pastoral. Mas

---

[3] *Lumen gentium*, n° 41.
[4] *Lumen gentium*, n° 31.

eles nunca poderão "tomar o lugar do Cristo Pastor e agir em sua pessoa".

Não esqueçamos que o batismo e a confirmação marcam a alma com um caráter sacramental que dá às pessoas uma identidade espiritual. É tarefa dos batizados e dos leigos confirmados fazer presente no mundo secular o mistério de nossa adoção como filhos de Deus e testemunhas de sua Palavra. Eles devem lutar para implantar o Reino de Deus no mundo e não usar inutilmente suas energias para desfrutar de uma posição na Igreja. É tarefa dos leigos casados tornar presente sacramentalmente o mistério do casamento de Cristo e da Igreja, vivendo fielmente e de forma exemplar seu amor conjugal. É tarefa dos religiosos e das pessoas consagradas testemunhar a radicalidade da vida segundo o Evangelho e o chamado escatológico à santidade. Precisamos uns dos outros. Caminhamos lado a lado, ajudando-nos uns aos outros no caminho da santidade.

Às vezes se diz que é necessário separar o exercício da autoridade do ministério ordenado. Diz-se aqui e ali que o governo na Igreja pode ser exercido tanto por homens como por mulheres, tanto por leigos como por padres e bispos. Tais fórmulas são terrivelmente ambíguas e destrutivas da estrutura hierárquica da Igreja, conforme pretendido e organizado pelo próprio Jesus Cristo. Naturalmente, há homens e mulheres leigos que são mais habilidosos em técnicas de comunicação, administração e governança do que os padres. É necessário dar-lhes seus próprios papéis de especialização e aconselhamento. Mas no sentido estrito, o governo na Igreja não é principalmente uma perícia, mas uma presença de Cristo servo e pastor. É por isso que a função do governo nunca pode ser exercida na Igreja por outra pessoa que não seja um ministro ordenado. Os cristãos querem ser governados por Cristo e não por um especialista. Os sacerdotes, porque fazem de Cristo o pastor e servo presente de forma sacramental, devem governar sem exercer o domínio humano, mas continuando o trabalho do Bom Pastor. Às vezes, não estão à altura de sua missão, mas é a eles que este cargo de governo é confiado, em virtude da ordenação que os configura ao Bom Pastor.

Mais uma vez, isto não diminui a necessidade de destacar a competência e a excelência dos leigos, homens e mulheres. Nenhuma decisão deve ser tomada sem consultar as pessoas realmente competentes. Mas somente um ministro configurado conforme o Bom Pastor pode assumir a decisão diante da Igreja sem que a autoridade se torne um poder de dominação à maneira humana.

Portanto, é hora de parar de interpretar a autoridade na Igreja como poder ou opressão. É, em parte, ministerial, porque é sempre um serviço prestado pelo clero a todo o Corpo. Portanto, é assumido num espírito de serviço, como Jesus ensinou aos doze primeiros sacerdotes na lavagem dos pés. É realizada também por padres que se sabem instrumentos do Bom Pastor e não por tiranos.

O Cardeal Jean-Marie Lustiger, que foi Arcebispo de Paris de 31 de janeiro de 1981 a 11 de fevereiro de 2005, resume isto claramente. Esse grande servo da Igreja era de origem judaica. Sua conversão a Cristo confirmou nele um profundo sentido de unidade e dignidade do povo de Deus. Em sua missão como bispo, ele teve a genialidade e o talento de colocar a serviço da proclamação do Evangelho as habilidades específicas de cada pessoa, clero e leigos. Ele foi capaz de empregar todas as intuições do Concílio Vaticano II.

Cardeal Jean-Marie Lustiger.
A vocação dos sacerdotes (trechos)

Todas as intervenções de João Paulo II sobre o tema dos sacerdotes, da vida consagrada e, mais amplamente, da vocação dos batizados — incluindo a dos leigos — representam milhares de páginas. Gostaria de tentar aqui identificar sua lógica e originalidade, e para entender sua "economia" no sentido de que os Padres usaram esta palavra para descrever a economia da salvação na qual o mistério trinitário nos é revelado. Além de sua diversidade, descobrimos tanto os grandes desafios da vida da Igreja no final do século XX quanto a coerência de uma resposta estruturada, tirando sua força do próprio mistério de Cristo. [...]

Qual era o estado de espírito há vinte e cinco anos, quando João Paulo II proferiu suas primeiras palavras públicas: "Não tenham medo. Abri suas portas para Cristo"? [...]

O novo Papa tinha um conhecimento muito preciso sobre isso. Sete anos antes, como Arcebispo de Cracóvia, ele havia participado do segundo Sínodo ordinário dos bispos, realizado em Roma de 30 de setembro a 6 de novembro de 1971, que deveria tratar do ministério sacerdotal e da justiça no mundo. Jornais relataram que os bispos pediriam ao Santo Padre para ordenar os viri probati *casados. Muitos sugeriram que a palavra "sacerdócio" deveria ser abandonada e que somente "ministério presbiteral" deveria ser usado.*

Sabemos como foi concluído este sínodo de 1971. O Papa Paulo VI resistiu corajosamente à pressão. A beatificação do Padre Maximiliano Maria Kolbe como "padre católico" não é sua resposta a estas perguntas que obscurece a figura do sacerdócio presbiteral? Por tudo isso, a crise e os problemas que acabo de mencionar tinham se enraizado no Ocidente desenvolvido.

Aqueles com idade suficiente para ter vivido este período não terão esquecido a intensidade da crise durante os anos 70, nem as questões colocadas pelo abandono do ministério que se multiplicou, nem a queda no número de ingressos nos seminários.

O ensinamento do Vaticano II foi realmente compreendido naquela época? Em qualquer caso, os problemas da Igreja e seu pessoal foram percebidos pela opinião pública de um ângulo muito mais organizacional ou sócio-político do que teológico ou místico. Em retrospectiva, podemos reconhecer as influências simétricas do marxismo e de um certo liberalismo. O primeiro se esforçou para conceber tudo em termos de relações de poder. Este último nos convidou a considerar tudo de uma perspectiva de gestão e a privilegiar a liberdade individual.

Obediência, pobreza, castidade e finalmente a própria natureza do sacerdócio e das vocações, incluindo a vocação batismal dos leigos, foram obviamente desafiadas quando raciocinadas desta forma a partir da perspectiva da funcionalidade, das relações de poder ou da partilha do poder, do reconhecimento social cuja única medida é o dinheiro, etc. A sociologia estava na vanguarda do debate. A sociologia tomou o lugar central; a antropologia, em seus vários ramos, parecia desafiar o ensino tradicional sobre a sexualidade, enquanto a história era usada para denunciar a regra do celibato eclesiástico como relativa.

Em resumo, três ideias obscureciam as realidades espirituais e sacramentais do sacerdócio e da vocação religiosa e batismal:

Primeiro, a realidade sacramental do sacerdócio deveria ser eclipsada pela funcionalidade das tarefas ministeriais, que pareciam *ser capazes de ser realizadas sem ordenação. Isto foi o que alguns chamaram de "desacerdotalização".*

Em segundo lugar, a dialética do poder levou ao desejo de confiá-lo à assembleia democrática dos fiéis. Isto foi o que então foi chamado de "declericalização".

Finalmente, a abolição do celibato deveria completar a "secularização" de um cristianismo julgado demasiado ligado a uma cultura ultrapassada.

No entanto, o Vaticano II havia previsto explicitamente estas dificuldades. Como anunciou a Lumen gentium *(4, 2), "o gênero humano está hoje vivendo em uma nova era de sua história, caracterizada por mudanças profundas e rápidas que estão gradualmente se espalhando por todo o globo. [...] Tanto que já podemos falar de uma verdadeira metamorfose social e cultural, cujos efeitos estão sendo sentidos até mesmo na vida religiosa". Mas as intuições do Concílio para lidar com essa situação ainda não foram totalmente implementadas. [...]*

Como, em 1978, o novo Papa iria responder às perguntas feitas a Paulo VI em 1971? De que forma ele comprometeria a Igreja de Cristo sobre a qual deve agora vigiar? [...]

*Foi dez anos após a inauguração de seu pontificado que as três exortações apostólicas pós-sinodais dedicadas sucessivamente às vocações, que constituem nosso tema, começaram a aparecer: as dos leigos (*Christifideles laici*) em 1988, as dos padres (*Pastores dabo vobis*) em 1992 e as dos religiosos e religiosas (*Vita consecrata*) em 1996.*

Esse conjunto de três encíclicas, seguido de três exortações apostólicas, emprega uma pedagogia espiritual que é espantosa em sua coerência [...]. *E essa firmeza do objetivo é ainda mais marcante se levarmos em conta as circunstâncias e os eventos que vieram para frustrar seu desenvolvimento. De certa forma, o Papa baseia os compromissos dos homens de nosso tempo no seguimento de Cristo, sejam eles sacerdotes, consagrados ou leigos, colocando-os na economia da salvação: no final deste Advento, o homem se descobre em sua dignidade inalienável que é sua participação no sacerdócio de Cristo.* [...]

De fato, o ensinamento de João Paulo II concentrou-se primeiramente no que está na origem dos diferentes estados de vida e missões em sua diversidade dentro da Igreja, ou seja, o mistério de Cristo. Esta foi certamente uma inversão de perspectiva bastante radial: para o Papa era uma questão de assumir os desafios dos novos tempos, de avaliar as necessidades reais e de fornecer respostas não tomando a política, a sociologia ou a antropologia como critério, mas abordando o homem ferido e redimido como a fé o dá a ser visto e amado. Esse realismo de fé nos liberta da prisão das ideologias.

Em Dom e mistério *lemos: "Após minha eleição como Papa, meu primeiro pensamento [...] foi voltar-me para Cristo Redentor". A encíclica* Redemptor hominis *nasceu deste movimento* [...]. *Há uma estreita ligação entre a mensagem desta encíclica e tudo o que está inscrito na alma do homem por meio de sua participação no sacerdócio de Cristo.*

Em outras palavras, a Redenção não é apenas o que torna o homem inteligível para si mesmo, apesar de suas contradições e tentações niilistas ou suicidas. Permitindo-lhe compreender o quanto ele é amado por Deus, o faz medir sua dignidade infinita, o que exige uma união imediata e concreta com o sacrifício de Cristo. Toda vocação cristã encontra nisto seu significado e seu conteúdo, que são propriamente sacerdotais. [...]

É evidente que esta participação na vida divina, que é a resposta a toda vocação, é uma orientação essencial. [...]

Hoje, podemos ver claramente como o Papa queria que o Sínodo dos Bispos de 1971 fosse retomado com novas ideias. É ao trabalho de três novos sínodos — primeiro sobre a vocação dos leigos, depois sobre a formação dos sacerdotes, e finalmente sobre a vida consagrada — que ele pedirá para formular as respostas esperadas. [...]

Além disso, a ordem dos três sínodos é significativa: a começar pelos leigos destaca a vocação universal à santidade do povo sacerdotal. Com os leigos, o sínodo revisitou Gaudium et spes tanto quanto a Lumen gentium e expressou a missão da Igreja em nosso tempo.

Como resultado, o sacerdócio ministerial, tema do sínodo seguinte, aparece claramente como o meio desejado por Cristo para dar vida ao povo santo; o chamado radical à santidade dirigido aos sacerdotes lança luz sobre a "alta adequação" do celibato sacerdotal. Ela deve ser considerada em coerência com a vida consagrada, que profeticamente significa o destino dos homens, do qual é a antecipação escatológica aqui e agora.

A lógica das três exortações apostólicas, à luz das três grandes encíclicas do início do pontificado, desdobra-se da ideia de sacerdócio, ela própria inerente à Redenção: "O Cristo é sacerdote porque é o redentor do mundo", lemos em Dom e mistério. As intuições e memórias que nos são confiadas neste precioso texto podem novamente servir de guia ou contraponto para iluminar ou condensar algum aspecto das vocações por sua diversidade e sua unidade teológica e mística.

O mistério do Redentor oferece à humanidade a oportunidade de compreender sua própria condição: Cristo revela à humanidade tanto que ela está ferida quanto que é amada. A oferta essencialmente sacerdotal de Cristo de si mesmo o livra do mal, dando-lhe o *perdão de seus pecados.* Como oferta sacerdotal, ela tem necessariamente uma dimensão sacrificial na qual, como João Paulo II reitera em cada oportunidade, citando o capítulo 7 da Carta aos Hebreus, Jesus não se contenta em interceder. Pois, como "Sumo Sacerdote perfeito", ele se oferece como uma "vítima imaculada". Sua ressurreição não significa apenas que seu sacrifício é aceito. Em certo sentido, o Filho, ao permanecer solidário até o fim com a humanidade desfigurada pelo pecado, cumpre, em sua obediência, o amor que desde toda a eternidade o une a seu Pai. Na manhã da Páscoa ele mostra que este amor, que é a própria vida deles, vence a morte.

Para o homem, a salvação consiste em oferecer-se por sua vez ao Pai pelo poder do Espírito, a fim de contribuir para a difusão e partilha desta misericórdia. O cristão está de alguma forma incorporado a Cristo para ser associado a sua ação sacerdotal e redentora. É neste sentido que, seguindo o Vaticano II, é apropriado falar do "sacerdócio comum de todos os batizados".

[...]

O Papa especifica que "como administrador dos mistérios de Deus, o sacerdote está a serviço do sacerdócio comum dos fiéis". Aqui vemos que João Paulo II renovou poderosamente a abordagem dos papéis distintos, porém interdependentes, de sacerdotes e leigos. Assim como ele insistiu que a missão eclesial dos fiéis leigos tem sua fonte em sua dignidade sacerdotal e continua em suas tarefas temporais, assim ele mostrou que os ministérios ordenados têm como fim imediato tornar possível o cumprimento desta vocação de cada batizado.

Cada palavra tem sua importância aqui. O sacerdócio comum não é a origem do sacerdócio do presbitério. O último está a serviço do primeiro, mas não deriva dele. A razão disso, como aponta Dom e mistério, é que "*o sacerdócio, em sua própria raiz, é o sacerdócio de Cristo*" — *e de nenhum outro*.

Resta legitimar a distinção e complementaridade desses dois aspectos ou níveis do único sacerdócio. Era nisto que o Sínodo de 1990 e a Exortação Apostólica Pastores dabo vobis, publicada dezesseis meses depois, em 1992, estavam trabalhando. Não se deve esquecer que este sínodo se preocupava principalmente com a formação de sacerdotes. Entretanto, o texto final assinado pelo Papa é um dos mais longos documentos pontifícios já publicados (226 páginas na edição original) e as questões são tratadas em profundidade, voltando aos princípios mais altos e decisivos.

Portanto, não é possível listar aqui todos os recursos oferecidos pelos Pastores dabo vobis. No entanto, para o que nos preocupa aqui, mais uma vez, podemos encontrar um eco significativo disto em Dom e mistério. "Se o Concílio — escreve João Paulo II — fala da vocação 'universal' à santidade, no caso do padre devemos falar de uma vocação 'especial' à santidade". Cristo precisa de sacerdotes santos! O mundo de hoje precisa de sacerdotes santos! Somente um sacerdote santo pode tornar-se um testemunho transparente de Cristo e de seu Evangelho em um mundo cada vez mais secularizado. Somente assim o padre pode se tornar um guia para as pessoas e um professor de santidade. As pessoas, especialmente os jovens, estão esperando por tais guias.

O sacerdote não escolhe esta santidade "especial" por si mesmo, embora ele comprometa sua liberdade: ele é chamado, ordenado e consagrado a ela, a fim de falar e agir in persona Christi. Esta vocação e missão não podem ser dadas a ele por ninguém além do próprio Jesus, e exigem um dom específico do Espírito Santo. [...]

João Paulo II insiste em duas situações nas quais o sacerdote (e cito) "dá a Cristo sua humanidade, para que ele possa usá-la como um instrumento de salvação, fazendo deste homem de alguma forma outro homem".

É, antes de tudo, a celebração da missa. "Existe no mundo (pergunta o Papa) uma maior realização de nossa humanidade do que ser capaz de reproduzir todos os dias in persona Christi o sacrifício redentor que Cristo consumiu na cruz? Nesse sacrifício, por um lado, o próprio mistério trinitário está presente da forma mais profunda e, por outro lado, todo o universo criado é como se fosse 'recapitulado'".

Em segundo lugar, há o que o Papa chama de "o ministério da misericórdia". Uma vez que, sublinha, "o sacerdote é testemunha e instrumento da misericórdia divina, [...] o serviço do confessionário é importante em sua vida. É precisamente no confessionário que sua paternidade espiritual é mais plenamente realizada".

Aqui podemos ver a relação entre paternidade e misericórdia que notamos anteriormente na encíclica sobre o Pai que está nos céus. Em sua dimensão paterna, o sacerdócio pressupõe uma "distância" ou, se quiseres, uma distinção, uma diferenciação, um "afastamento"... É nesta perspectiva, entre outras, que podemos entender o caráter "especial" da santidade à qual o padre é expressamente chamado.

Esta vocação assume a forma precisa que João Paulo II, em Dom e mistério, descreve quando explica que o padre é levado "a fazer uma escolha de vida inspirada pelo radicalismo evangélico". Ele deve viver de maneira específica os conselhos evangélicos de castidade, pobreza e obediência.

Tal exigência se justifica pelo vínculo indissolúvel entre sacerdócio e sacrifício. Relembrando sua própria ordenação, o Santo Padre toma o significado profundo de um dos ritos do sacramento: o futuro sacerdote, escreve ele, "se prostra e coloca sua testa sobre o pavimento do santuário, mostrando assim sua total disponibilidade para empreender o ministério que lhe foi confiado". E comenta: "Deitado no chão, com seu corpo em forma de cruz, antes da ordenação, aceitando, como Pedro, a Cruz de Cristo em sua própria vida e fazendo-se, com o Apóstolo, um 'pavimento' sob os passos de seus irmãos, isso demonstra o sentido mais profundo de toda espiritualidade sacerdotal".

O Papa deixa claro que nenhuma mutilação da pessoa é seguida. Pelo contrário, "o jovem [que], ouvindo a palavra 'siga-me', [...] vem renunciar a tudo por Cristo, [pode ter] a certeza de que, neste caminho, sua personalidade humana será plenamente realizada".

Mas os conselhos evangélicos nos conduzem, como se naturalmente, ao terceiro sínodo episcopal que tratou das vocações e da vida religiosa em 1994, e à exortação apostólica Vita consecrata, novamente dezesseis meses depois, em 1996. Em suas conclusões, João Paulo II sublinhou, entre outras coisas, uma dificuldade encontrada no final do século XX não apenas em muitas ordens religiosas, mas também em toda a Igreja: a tentação de avaliar tudo de acordo com os critérios utilitários da sociedade. A vida consagrada, respondeu o Papa, obedece a outras leis, especialmente a do dom, ambas inerentes à condição humana e confirmadas pela Encarnação e pela Cruz. Vive totalmente dedicado a Deus e sem qualquer perspectiva de "gratificação" aqui na Terra ajuda a cultura contemporânea a se questionar. Eles também são testemunhas, neste mundo, da vinda do Reino de Deus.

Mas o "radicalismo evangélico" ainda desempenha um papel "motor" na Igreja. Não apenas devido aos muitos serviços prestados por religiosos e religiosas, mas sobretudo devido aos exemplos e modelos de santidade oferecidos por padres e leigos batizados que emitiram votos. O povo de Deus é dinamizado em sua totalidade, tanto o clérigo quanto os fiéis.

[...] A vida consagrada reflete, de certa forma, a liberdade e a superabundância dos dons de Deus, sem negar nenhum daqueles que já foram dados de forma irreversível e, em contrapartida, para estimular sua assimilação pela variedade e da sempre renovada riqueza de vocações e compromissos.

Essa perspectiva permite ir muito além das controvérsias que surgiram após a publicação de Vita consecrata, no que diz respeito à tradução do latim praecellens. Foi correto entender que o estado de vida dos homens e mulheres religiosos é "objetivamente superior" aos outros?

A questão, na verdade, não se coloca mais do que entre o clero e os fiéis. O fato de que a santidade à qual o sacerdote é chamado tem algo de "especial" não diminui a autêntica perfeição para a qual os leigos também são convidados.

A própria existência da vida consagrada ilustra a mesma lógica de gratuidade e coerência orgânica e espiritual que já articula a complementaridade entre o "sacerdócio comum" e o sacerdócio sacerdotal, sem que seja possível falar da preponderância de um ou de outro. O "radicalismo evangélico" acaba trabalhando no mesmo tipo de interdependência, com uma necessidade da mesma ordem mística, em benefício de todo o povo de Deus e do mundo cujo Salvador é Cristo.

Várias lições podem ser tiradas do quadro que acabou de ser pintado [...]. Em primeiro lugar, João Paulo II tem atacado direta e vigorosamente as dificuldades que a Igreja encontrava nesse aspecto nas últimas décadas do século XX. Ele não ignorou nossas provações e tentações. Portanto, ele não ignorou nossas provações e tentações. Mas ele o fez mudando resolutamente o problema.

Ele nos convidou a substituir uma reflexão em termos de poder sobre as instituições por uma percepção renovada do drama da condição humana, decifrada à luz do mistério que está no coração da fé cristã: o da Redenção.

Em outras palavras, o Papa soube recentrar tudo em Cristo, sem medo de não ser "de seu tempo". João Paulo II escreve: "Além da renovação pastoral necessária, estou convencido de que o sacerdote não deve ter medo de estar 'fora do tempo', porque o hoje humano de cada sacerdote está inscrito no hoje de Cristo Redentor". O maior dever de todo sacerdote é encontrar seu "hoje" sacerdotal no hoje de Cristo, naquele "hoje" do qual fala a Carta aos Hebreus (13,8): [...] "Jesus Cristo é o mesmo ontem, hoje e eternamente"[5].

■ MEDITAÇÃO

Como o Arcebispo Hugh Gilbert escreveu em seu livro *Desdobrar o mistério*, "a Eucaristia nos ensina quem somos, e a Eucaristia significa estar em pé diante do altar. Este é o lugar onde os cristãos devem estar, o lugar de sua redenção e de sua vocação. [...] Se estamos no altar, é porque fomos batizados. E se fomos batizados, fomos amarrados à Cruz com Cristo. Estar preso à Cruz significa, ao mesmo tempo, cortar o pecado e ampliar o coração, deixando-o ser trespassado. Estar no altar, tanto para o sacerdote como para os fiéis, significa oferecer-se como holocausto a Deus, entregar-se totalmente a Deus. Estar no altar é realmente configurar-se, identificar-se com Cristo que, por sua morte, se oferece a Deus Pai, e reconsagrar o mundo ao Senhor do universo"[6].

---

[5] Cardinal Jean-Marie Lustiger. *A vocação dos sacerdotes*. Conferências proferidas em Roma na abertura do Congresso dos cardeais e presidentes de conferências episcopais reunidos por ocasião dos vinte e cinco anos de pontificado de João Paulo II, 15 de outubro de 2003.
[6] Hugh Gilbert. *Déployer le mystère*. Edições de Solesmes, 2020.

"Todo Sumo Sacerdote, de fato, tomado dentre os homens, é designado para intervir em nome dos homens em suas relações com Deus" (Hb 5,1). E embora ele mesmo esteja envolto nas mesmas enfermidades, necessitando tanto e até mais do que outros das misericórdias e perdões divinos, ele é contudo o repositório de um poder maior do que ele mesmo, maior do que o mundo e maior do que todas as distinções que o mundo pode conferir a um ser humano. Um poder que vem a ele de Cristo. Foi assim que São João Maria Vianey, o Cura d'Ars, pôde dizer que "o padre é um homem que ocupa o lugar de Deus, um homem que está revestido de todos os poderes de Deus". E ele acrescentou: "Oh, como é grandioso o sacerdote! Se ele o compreendesse, morreria. Deus lhe obedece: ele diz duas palavras e Nosso Senhor desce do céu à sua voz e se encerra em uma pequena hóstia"[7].

Segundo a fé católica, somente o sacerdote validamente consagrado, ao pronunciar, em nome da onipotência de Cristo, as palavras transubstanciadoras da Ceia do Senhor, pode derrubar e habitar em nosso meio a presença corporal de Cristo e de seu sacrifício redentor.

Nós, sacerdotes, somos chamados. A história de nosso sacerdócio começa com um chamado de Deus, como fez para os Apóstolos. "Ao passar pelo Mar da Galileia, ele viu Simão e André, irmão de Simão, jogando o falcão no mar; pois eram pescadores. E Jesus lhes disse: 'Vinde após mim e eu vos farei pescadores de homens'. E imediatamente eles deixaram suas redes e o seguiram. E indo um pouco adian-

---

[7] Bernard Nodet. *Jean-Marie Vianney, curé d'Ars. Sa pensée, son cœur*, op. cit.

te, ele viu Tiago, filho de Zebedeu, e João, seu irmão, também em seu barco, consertando as redes; e imediatamente ele os chamou. E deixando seu pai Zebedeu no barco com seus trabalhadores, o seguiram" (Mc 1,16-20).

Então é Deus, é Jesus quem toma a iniciativa; é ele quem dá o primeiro passo e vem até nós. "Não fostes vós que me escolhestes, mas eu vos escolhi" (Jo 15,16). Muitas vezes devemos meditar sobre esta maneira muito especial em que Deus nos olha para permanecer fiéis à graça sacerdotal.

Quem Jesus escolhe? Ele não parece olhar para a nobreza de origem, as qualidades intelectuais brilhantes ou o status social de seus escolhidos. Pois "o que é insensato no mundo, isso é o que Deus escolheu para confundir os sábios; o que é fraco no mundo, isso é o que Deus escolheu para confundir os fortes; o que está por nascer e desprezado no mundo, isso é o que Deus escolheu: o que não é, para reduzir a nada o que é, para que nenhuma carne se glorie diante de Deus" (1Cor 1,27-29).

Ele também não favorece àqueles que se voluntariam, movidos por um entusiasmo superficial (Mt 8,19-22). Uma coisa é certa: somos chamados por Cristo, por Deus. É ele quem "desde o ventre nos distinguiu e nos chamou por sua graça" (Gl 1,15). Isto significa que somos imensamente amados por Cristo, amados por Deus. Fomos tirados do mundo e entregues a Ele, separados para Deus e somente para Ele.

Será que realmente pensamos sobre isso? Ser um padre: que incrível presente para a humanidade! Medimos o imenso privilégio e o dom inédito que nos foi dado? Na realidade, a vocação ao sacerdócio é um sinal de predileção por parte d'Aquele que, ao nos escolher entre tantos irmãos e irmãs mais inteligentes, mais dignos e mais santos do que nós, nos chamou a participar de uma forma muito especial em sua amizade e em seu sacerdócio. Assim, nosso ser sacerdote não é nada mais que uma nova e radical forma de ser configurado a Cristo e mais intimamente unido a Ele.

"Já não vos chamo servos, pois um servo não sabe o que faz o seu senhor, mas vos chamo amigos, porque tudo o que ouvi de meu Pai vos dei a conhecer" (Jo 15,15). Nosso chamado ao sacerdócio, marcando o momento mais alto no uso de nossa liberdade, trouxe a grande e irreversível opção de nossa vida e, portanto, a mais feliz, mais nobre e mais bela página de nossa experiência humana. Nossa felicidade e a plena realização de nossa existência consistem em nunca decepcionar Deus desprezando ou aceitando descuidada e levianamente o tesouro inestimável da graça sacerdotal.

VI
VOCAÇÃO À ORAÇÃO
A partir de uma meditação de São Bernardo de Claraval

INTRODUÇÃO

Como é revigorante reler São Bernardo! Eis um homem capaz de uma grande doçura e poesia quando se dirige à Virgem Maria. E ainda assim, aqui está um padre capaz de denunciar com força e firmeza a pecaminosidade de seus contemporâneos. No *De consideratione*, São Bernardo escreve ao Papa Eugênio III, que havia sido monge cisterciense e, portanto, seu discípulo e aluno. O conselho sábio e firme que ele lhe dá ainda hoje é válido para todos os padres. Eles têm até uma singular atualidade. De fato, Bernardo de Claraval, no século XII, chegou ao fim do que é conhecido na história da Igreja como a reforma gregoriana. Esse movimento, que abrangeu os séculos X, XI e XII, teve como objetivo libertar a Igreja das garras das autoridades seculares. Ao interferir no governo e nas nomeações eclesiásticas, o poder político acabou produzindo uma verdadeira decadência do clero. Sacerdotes que tinham concubinas, que se dedicavam ao comércio ou atividades políticas haviam se multiplicado. A reforma gregoriana foi caracterizada pelo desejo de recuperar a Igreja da época dos Atos dos Apóstolos. Este movimento não se baseou principalmente em reformas institucionais, mas na renovação da santidade dos sacerdotes.

Não precisamos de uma reforma semelhante hoje? Não precisamos de uma nova reforma gregoriana? Pois o poder secular do mundo tomou novamente o poder da Igreja. Desta vez não se trata de poder político, mas de poder cultural. Há de fato uma nova luta entre o sacerdócio e o império. Mas o império é agora a cultura relativista, hedonista e consumista que se infiltrou em todos os lugares. É hora de empurrá-la para fora porque não é reconciliável com o Evangelho. É hora de recuperar a liberdade de nossos corações dos ditames do mundo que proclamam o reinado do material triunfante e o orgulho de si mesmo. Devemos recuperar a glória de nosso Rei divino cujos atributos são a Cruz e a humildade do presépio. As mesmas causas produzem os mesmos efeitos: como na Idade Média, a infiltração do mundo na Igreja dá origem a escândalos sexuais e financeiros entre os padres, e dá origem a abusos de autoridade e a um ressecamento espiritual mortal.

Como no século XII, devemos tomar os meios de uma cura completa, de uma purificação radial. O único remédio é a santidade. Como nos lembra o Papa João Paulo II: "Pelo poder do Espírito, Jesus pertence total e exclusivamente a Deus; ele participa da infinita santidade de Deus que o chama, o escolhe e o envia. Assim, o Espírito de O Senhor se revela como uma fonte de santidade e um chamado à santificação [...]. A afirmação do Conselho: 'O chamado à plenitude da vida cristã e à perfeição da caridade é dirigido a todos os que creem em Cristo, qualquer que seja seu estado de vida ou forma de vida', aplica-se especialmente aos sacerdotes; eles são chamados, não somente como batizados, mas também e especialmente como sacerdotes, ou seja, em uma nova capacidade e de acordo com suas próprias modalidades, derivada do sacramento da Ordem"[1].

São Bernardo nos dá uma chave para libertar o padre das correntes da cultura mundana: a oração. O padre tem uma vocação para a oração. Ele não é obrigado apenas a rezar as horas do breviário. Ele é chamado por Deus, como sacerdote, para rezar por todos e em nome de todos. A oração não é o trabalho específico dos monges sozinhos. É uma parte essencial e principal da vocação sacerdotal.

Como diz São Bernardo soberbamente, "já que és tudo para todos, sede tudo para si mesmo". Um sacerdote que não reza vive na ilusão da generosidade e da doação de si mesmo. O tempo que ele dedica à oração não é tempo roubado dos outros. Pelo contrário, ao dedicar tempo a Deus, o sacerdote se torna ainda mais disponível para se doar melhor. É verdade que às vezes é difícil encontrar tempo em meio a tantas exigências. Devemos acreditar que sem a oração toda nossa agitação é em vão. Ela corre o risco de se tornar uma ação social e não uma ação sacerdotal. Os fiéis precisam nos ver rezando longamente. Eles sabem intuitivamente que um padre que reza é um padre que os ama. Pelo contrário, o padre que deixa de rezar inevitavelmente

---

[1] João Paulo II. *Pastores dabo vobis*, n° 19.

cai na ilusão, perde o senso de doutrina segura e verdadeira, e duvida de si mesmo. Quantas vezes já dissemos de um padre que deixa o ministério em condições trágicas: "Ele não rezava há muito tempo!" Há uma necessidade urgente. A reforma do clero começa com uma reforma da vida interior dos sacerdotes. É hora de redescobrir nossa vocação para a oração.

O que é a oração? Para responder a esta pergunta vital, queremos dar a palavra a Santa Teresa do Menino Jesus que, falando de oração, escreveu: "Para mim, a oração é um impulso do coração, é um simples olhar para o céu, é um grito de gratidão e de amor em meio à provação, bem como em meio à alegria; finalmente, é algo grande, sobrenatural, que expande minha alma e me une a Jesus [...]. Às vezes, quando minha mente está tão seca que não consigo pensar para unir-me ao Bom Deus, recito muito lentamente um Pai-nosso e depois a saudação angélica; então estas orações me encantam, alimentam minha alma muito mais do que se eu as tivesse recitado apressadamente cem vezes"[2]. Rezar não é, portanto, recitar orações ou o breviário de forma apressada e mecânica. Orar é prostrar-se diante de Deus em um silêncio de espanto e admiração, adorá--lo e dizer-lhe que o amamos, agradecer-lhe por todos os seus benefícios, cantar sua glória e exaltar seu poder de salvação em favor da humanidade. Orar é dedicar tempo à contemplação de Deus, olhar para Ele cara a cara e deixar-nos olhar por Ele. O grave perigo que enfrentamos em nosso ministério sacerdotal é o ativismo, a "heresia das

---

[2] Santa Teresa do Menino Jesus. *Manuscritos autobiográficos*, Ms C, fol. 25.

obras", aquela mentalidade mundana que não admite que, durante o dia, uma parte significativa de nosso tempo é dedicada à oração silenciosa e à presença diante de Deus. Não se vê mais a utilidade de vidas inteiras dedicadas exclusivamente à oração e ao sacrifício para fazer surgir fontes de vida e de santidade na Igreja. O ativismo na vida sacerdotal é o resultado de uma tendência fortemente enraizada de praticamente negar a ação do Espírito Santo na alma e na Igreja. O ativismo anemia toda nossa vida espiritual, esteriliza o apostolado, mesmo que seja adornado com brilhantes sucessos externos, e corre o risco de levar a lamentáveis catástrofes morais e espirituais. A fim de evitar tais perigos, São João da Cruz nos exorta à oração e à reflexão: "Deixem-nos refletir, aqueles que se dedicam a uma atividade desmedida, que imaginam que vão envolver o mundo em sua pregação e em suas obras externas. Eles seriam muito mais úteis à Igreja e muito mais agradáveis a Deus — para não mencionar o bom exemplo que dariam — se eles empregam a estar diante de Deus em oração a metade do tempo que consagram à atividade [...]. Sem a oração regular, tudo se reduz a bater em um martelo, produzindo pouco ou nada, e às vezes mais mal do que bem. Sem a oração regular, tudo se reduz a bater um martelo, produzindo quase nada, ou mesmo absolutamente nada, e às vezes mais mal do que bem. [...] Admitamos que existe algum bem produzido externamente. No final e em substância, não haverá nenhum, pois é indubitável que o bem só é feito pela virtude de Deus"[3].

---

[3] São João da Cruz. *Cântico espiritual*, B, str. 29, 3, in: *Œuvres complètes*. Paris, Cerf, 1990.

São Bernardo, De consideratione e textos diversos

Carta 42 de São Bernardo, ou "Tratado a Henrique, Arcebispo de Sens, sobre a moral e os deveres dos bispos".

Mas, sacerdote do Altíssimo, a quem desejas agradar? Ao mundo ou a Deus? Se ao mundo, por que te tornaste sacerdote? Se queres agradar ao mundo, pergunto-lhe por que recebeu o sacerdócio; sabes muito bem que não se pode servir a dois senhores ao mesmo tempo. E o Apóstolo não diz: "Se eu estivesse disponível à vontade dos homens, não seria o servo de Jesus Cristo" (Gl 1,10)? Então, se queres agradar aos homens, não podes agradar a Deus; mas se não lhes agradas, como podes agradar a Ele? Pois se és sacerdote, és pastor, e o povo é teu rebanho; ora, como pode haver nenhuma diferença entre as ovelhas e o pastor que as conduz? Se, como eu que sou apenas uma ovelha, aquele que me alimenta caminha com seus olhos e seu corpo inclinado para a terra, todos ocupados em satisfazer seu estômago enquanto sua alma jejua, o que a distingue de mim? Ai do rebanho se o lobo vier sobre ele, pois não haverá ninguém para vê-lo antes que ele venha, para sair ao seu encontro e lutar por sua presa. É justo que o pastor seja como seu rebanho, apenas ocupado com os apetites dos sentidos, escravo dos pensamentos baixos, ganancioso pelos bens da terra, em vez de andar com a testa erguida e erguida, pois pertence ao homem olhar para o céu, buscar e provar as coisas de cima, não as de baixo[4]*?*

Sobre a conversão, XIX

Aqueles a quem o Pai celestial chama puros de coração são aqueles que, em vez de buscar seus próprios interesses, têm em vista

---

[4] São Bernardo de Claraval. *Lettre 42 de saint Bernard, ou Traité à Henri, archevêque de Sens, sur les mœurs et les devoirs des évêques*, in: *Œuvres complètes*, tradução do Pe. Charpentier, t. I, Paris, 1866.

apenas os de Jesus Cristo, e que não pedem o que lhes é útil, mas o que é útil a todos. "'Pedro, tu me amas?' disse o Salvador do mundo. — Senhor, tu sabes que eu te amo. – apascenta minhas ovelhas", diz o divino Mestre (Jo 21,15-17). Como ele poderia ter confiado sua querida ovelha a um pastor que não o amava? [...] Ai dos ministros infiéis que se encarregam de reconciliar os outros quando ainda não estão reconciliados, como poderia para tornar os homens justos em todos os sentidos! Ai daqueles filhos da ira que se constituíram como ministros da misericórdia! Ai daqueles filhos da ira que são tão ousados a ponto de assumir por si mesmos o título e o posto que só homens pacíficos deveriam ter! Ai daqueles filhos da ira que se disfarçam de fiéis mediadores da paz para engordar os pecados do povo! [...] Pois com esse descaramento vemos homens que nunca ouviram a Palavra do Senhor convidando-os a voltar para si mesmos, ou que, tendo ouvido isso, fugiram como Adão para se esconderem sob a grossa folhagem, usurpando a patente e as funções de homens pacíficos e verdadeiros filhos de Deus. Eles não deixaram de fazer o mal até agora, ainda arrastam os escombros da rede em que foram apanhados, ainda não abriram os olhos para sua pobreza (Ap 3,1); em vez disso, cada um deles diz: "Eu sou rico, não preciso de nada, enquanto ele é pobre, infeliz, miserável e nu" (Ap 3,17). Eles não possuem aquele espírito de mansidão que é tão necessário para repreender os pecadores, velando por eles mesmos, para que também eles não caiam em tentação[5].

"Não se deve preocupar tanto com os outros a ponto de se negligenciar a si mesmo", *De consideratione, livro 1*

---

[5] São Bernardo de Claraval. *Sermon ou livre de saint Bernard abbé aux prêtres sur la conversion*, in: op. cit.

Aqui, então, por um lado, é o que eu culpo, e por outro, o que eu aprovo. Eu só posso culpá-lo se dedicar todo seu tempo e sua capacidade de ação, sem reservar nada para a oração, e creio que não serás menos culpado por teres aprendido de Salomão que: "Aquele que sabe ser moderado na ação adquirirá sabedoria" (Sb 37,25). Além disso, a ação em si não tem nada a ganhar se não for precedida de oração.

Se desejas ser tudo para todos, como quem foi o primeiro, só posso elogiar tua humildade, desde que seja completa; mas como pode ser assim se és tudo para todos, exceto para ti mesmo? Afinal de contas, também és humano: portanto, para que tua devoção seja plena e completa, ela deve se estender a ti, estendendo-se a outros. Caso contrário, como diz o divino Mestre, de que lhe serviria conquistar todos os outros se tu mesmo se perdesse?

Portanto, já que és tudo para todos, sede tudo para si mesmo. Deves ser o único no mundo que está privado de ti mesmo? Estarás sempre fora e nunca dentro? Serás o único que não poderá receber por sua vez quando receber todos os outros? Deves isso aos sábios e aos tolos; não deves isso a ti mesmo? O sábio e o tolo, o homem livre e o escravo, o rico e o pobre, o homem e a mulher, o jovem e o velho, o clérigo e o leigo, o justo e o pecador, todo o mundo se servirá de ti, virá para haurir de teu coração como de uma fonte pública, e só tu permanecerás separado sem poder saciar tua sede! Se amaldiçoarem aquele que diminui sua parte, o que acontecerá com aquele que se privar totalmente disso? Desejo que espalhes tuas suas águas mesmo nos lugares públicos, que dês de beber não apenas aos homens, mas também aos seus animais de carga e seus rebanhos, e até mesmo aos camelos do servo de Abraão, mas pelo menos beba como os outros bebem de seu próprio poço. "O Sábio diz: 'Um estranho não beberá de tais águas'" (Pr 5,17). Mas és o estranho de quem ele fala? Para quem não serás um estranho se és um estranho para si mesmo? Fi-

nalmente, o Sábio pergunta para quem ele será bom, que não é bom para si mesmo (Ecl 14,5). Lembra-te, então, não digo sempre, nem digo com frequência, mas lembra-te pelo menos às vezes de ser bom para ti mesmo. Cuide-se, se não com, pelo menos depois de todos os outros: pode ser exigido de ti algo menor? Não terminaria se quisesse lhe contar todas as coisas cheias de força, precisão e verdade que me vêm à mente neste momento sobre esse assunto; mas como os tempos são difíceis, limito-me a recomendar que não te dediques inteira ou constantemente à ação, mas que reserve pelo menos parte de seu tempo e de seu coração para a oração. Deves ver que, ao dizer isso, estou levando muito mais em conta o que é do que o que deveria ser; além disso, não é proibido dar lugar à necessidade. É bem certo que se alguém fosse livre para fazer tudo o que há para fazer, teria que preferir em tudo e acima de tudo, e praticar, se não exclusivamente, pelo menos muito mais do que tudo, o que é bom para tudo, quero dizer, a piedade. A própria razão demonstra isto de uma maneira invencível.

Perguntas o que quero dizer com piedade. É a prática da oração, e não pense que tenho outro sentimento em relação àquele que definiu a piedade, o culto a Deus, não é absolutamente assim; e se refletires sobre isso, verá que minhas palavras têm, pelo menos em parte, o mesmo significado que as dele. De fato, o que está mais relacionado com a adoração de Deus do que o que Deus mesmo nos recomenda nestas palavras, pela boca do salmista: "Estai em descanso santo e considerai que eu sou o verdadeiro Deus" (Sl 45,11)? Não é esse o principal papel da oração? Além disso, o que pode ser visto como obviamente útil para tudo que, por uma espécie de antecipação salutar, assume o papel da própria ação, fazendo de certa forma e regulando antecipadamente tudo o que devemos fazer mais tarde? Afinal, devemos seguir este procedimento se não queremos que coisas que podem ser muito úteis, se forem feitas com pensamento e previdência, se tornem prejudiciais como resultado da pressa com que são feitas; como muitas vezes terás sido capaz de convencer-se, se quiser lembrar de suas memórias, no julgamento das causas trazidas à sua corte e na solução dada às questões sérias e importantes submetidas à tua decisão.

O primeiro efeito da oração é purificar sua própria fonte, ou seja, a alma na qual ela é produzida; depois, ela regula os afetos, dirige as ações, corrige os excessos, forma a moral, e torna a vida honesta e regular; finalmente, ela dá conhecimento das coisas divinas e humanas. Ele traz a ordem fora da confusão, reúne o que está separado e reúne o que está espalhado, penetra nas coisas secretas, procura cuidadosamente a verdade, examina o que tem apenas a aparência dela e descobre a falsidade e mentiras. Ela regula e determina antecipadamente o que deve ser feito, e retorna ao que foi feito para não deixar nada na alma que não tenha sido corrigido ou que precise ser corrigido novamente. Finalmente, na prosperidade, antecipa retrocessos, e nos retrocessos, parece não senti-los: dois efeitos que têm um a ver com força e o outro com prudência[6].

■ MEDITAÇÃO

Seguindo os passos de São Bernardo, vamos aprender a rezar. Orar é, antes de tudo, fixar nosso olhar em Jesus. A Carta aos Hebreus define e completa de forma mais detalhada o que é a oração: "Portanto, irmãos e irmãs, vós que partilhais uma vocação celestial, fixai os olhos em Jesus, o mediador e sumo sacerdote de nossa profissão de fé; ele é digno de fé por Aquele que o instituiu, assim como Moisés o fez, sobre toda a sua casa" (Hb 3,1-2). A mesma ideia

---

[6] São Bernardo de Claraval. *Les cinq livres de la considération de saint Bernard, premier abbé de Clairvaux, au Pape Eugène III*, livro 1, in: op. cit. A palavra *"consideratio"*, traduzida pelo Pe. Charpentier como "consideração", foi novamente traduzida e sistematizada pelo tradutor como "oração".

é expressa nos Atos dos Apóstolos, durante o martírio de Santo Estêvão: "Cheio do Espírito Santo, [Estêvão] olhou para o céu e viu a glória de Deus e Jesus à direita do Pai. [...] Então ele se ajoelhou e clamou em alta voz: 'Senhor, não lhes impute este pecado'. E dizendo isto, entregou o espírito" (At 7,55,60).

Somos todos convidados, mais especificamente nós, sacerdotes, a uma vida de contemplação. Para o sacerdote ou o missionário, "se ele não for um contemplativo, não pode proclamar Cristo de maneira confiável". Ele é testemunha da experiência de Deus e deve ser capaz de dizer, como fizeram os Apóstolos: "O que ouvimos, o que vimos com nossos olhos, o que contemplamos, o que nossas mãos tocaram com a Palavra de vida [...], nós vos anunciamos" (1 Jo 1,1-3)"[7]. Somos portanto exortados a contemplar o Cristo glorioso, sentado à direita do Pai. A oração freqüente, próxima e íntima revive nosso relacionamento filial com Deus e nos torna mais conscientes da necessidade vital de nosso relacionamento pessoal com Ele. Esta oração contemplativa é de fundamental importância para a vida sacerdotal, é inesgotavelmente frutífera e infalivelmente eficaz. O que Deus pode recusar a oração que vem de um coração que ama e vive na verdade? A verdadeira oração, este olhar silencioso e contemplativo sobre Jesus, fortalece a fé. Tertuliano confirma isto em seu tratado sobre a oração. Ele escreve: "Nós somos os verdadeiros adoradores e sacrificadores. Orando no Espírito, oferecemos a oração como um sacrifício, uma vítima que pertence a Deus, que lhe agrada, que ele procurou, que ele destinou para si mes-

---

[7] João Paulo II. *Redemptoris missio*, n° 91, 7 de dezembro de 1990.

mo. É esta oração, oferecida de todo o coração, alimentada pela fé, curada pela verdade, mantida perfeita pela inocência, purificada pela castidade, coroada pelo amor — é esta oração que devemos levar ao altar de Deus, com a a procissão das boas obras entre salmos e hinos que obterá todas as coisas de Deus em nosso favor"[8]. O Cristo ressuscitado, Nosso Senhor e Nosso Deus, é digno de fé. Devemos aderir sem reservas a Sua Palavra, Seus ensinamentos, Seus mandamentos e Suas leis; então nossa oração será ouvida e respondida de acordo com a santa vontade de Deus.

A Carta aos Hebreus afirma que a contemplação do Cristo glorificado produz outra forma de oração, que podemos chamar de oração de escuta atenta e silenciosa. Porque orar não é apenas falar com Deus, cantar ao Senhor ou dizer orações, mas é conseguir manter o silêncio para ouvir o Espírito Santo. São Paulo diz, de fato, que "não sabemos o que pedir para orar corretamente, mas o próprio Espírito intercede por nós com gemidos inefáveis, e Aquele que busca os corações sabe qual é o desejo do Espírito e que sua intercessão pelos santos corresponde ao propósito de Deus" (Rm 8,26-27).

Por essa razão, a Carta aos Hebreus junta-se imediatamente ao convite para contemplar com uma exortação para ouvir. Também citando o Salmo 95, ele diz: "Oxalá ouvísseis, hoje, sua voz! Não fecheis os corações [...]" (Sl 95,7-8; Hb 9,4; 3,7-8; 3,15). Estas palavras são repetidas três vezes para enfatizar a importância da oração de escuta. Esta escuta mobiliza e engaja toda nossa inteligência,

---

[8] Tertuliano. *Traité sur la prière*, in: *La Liturgie des Heures*, t. 2. Paris, Cerf-Desclée de Brower-Mame, 1980.

nossa vontade, nossa liberdade, todo nosso coração e nosso corpo. É evidente que a contemplação cristã não é uma atitude passiva, espectadora. É preciso e envolve todo o nosso ser. Pelo contrário, a contemplação da glória de Cristo nos impele a estar atentos a um chamado interior que nos põe em movimento para Deus, produz em nós uma docilidade ativa, nos torna mais conscientes de nossa vocação celestial (Heb 3,1), e nos convida a trabalhar para sufocar o tumulto e o barulho do mundo e nos prepara para entrar no Reino de Deus. É precisamente esta contemplação-ouvir que Pedro, Tiago e João experimentam no Monte Tabor durante a Transfiguração de Jesus. Também ali eles foram convidados a passar do ver para o ouvir: "[Jesus] foi transfigurado diante deles; seu rosto brilhava como o sol, e suas roupas se tornaram brancas como a luz. [...] Enquanto ele ainda falava... eis que uma voz disse da nuvem: 'Este é meu Filho amado, em quem pus toda minha graça. Escutai-o'. A esta voz, os discípulos caíram de medo" (Mt 17,2,5-6).

Para nós, padres, rezar também significa aceitar provações e sofrimentos. Estamos encarregados de tanta coisa em nosso ministério! É por isso que a oração nos obriga a contemplar com frequência a Paixão de Cristo e sua Glória no Céu para estimular e encorajar-nos a assumir com fé, serenidade e amor as perseguições, provações e sofrimentos inerentes à vida sacerdotal. Quando oramos ou rezamos em oração, pensemos em Jesus no Jardim do Getsêmani, que nos suplica, dizendo: "Minha alma está triste até a morte; ficai aqui e vigiai comigo" (Mt 26,38). A meditação sobre os sofrimentos que Jesus suportou em favor dos pecadores e a contemplação de sua glória será certamente uma fonte de energia para que não vacilemos diante do cansaço de nossas almas. Não é isto que Jesus ressuscitado está tentando fazer os discípulos de Emaús entenderem, decepcionados, tristes e desanimados: "Não era necessário que Cristo suportasse estes sofrimentos para entrar em sua glória" (Lc 24,26).

De fato, na fé, não contemplamos a glória de Jesus como uma realidade fora de nós. Pela fé, estamos certos de que já nos tornamos "participantes de Cristo" (Hb 3,14), que já recebemos "a posse de um reino inabalável" (Hb 12,28) e que já fomos "admitidos a entrar no santuário pelo sangue de Jesus, por aquele caminho que ele inaugurou para nós, novo e vivo, [...] ou seja, sua carne" (Hb 10,19-20).

Ainda podemos entrar em oração contemplativa tomando como guia esta exortação: "Aproximemo-nos de Deus". Esta é uma forma original e muito sacerdotal de explicar o que é a oração contemplativa. Em geral, o vocabulário da contemplação é estático. Aquele que contempla está em um estado de tranquilidade, de descanso interior e tranquilidade serena. Ele sente suas faculdades se acalmando em um olhar profundo e vivo diante da majestade divina e se coloca diante de Deus com todo o vigor de sua inteligência e a ternura de seu amor teológico. A expressão "avançar em direção a Deus", ou "aproximar-se de Deus", ou "estar diante de Deus" (Gn 18,22-23; Dt 29,9; 1Sm 6,21; 1Rs 17,1) indica um movimento: ir, entrar, aproximar-se, aproximar-se. Para designar os sacerdotes, não se diz: "Aqueles que contemplam Cristo", nem mesmo "aqueles que invocam o nome do Senhor". Mas eles são designados como aqueles que, por Cristo, se aproximam de Deus, já que Ele está sempre vivo para interceder por eles (cf. Hb 7,25). A exortação mais vívida da Carta aos Hebreus é: "Aproximemo-nos, pois, ousadamente do trono da graça, para que obtenhamos misericórdia e encontremos graça e um auxílio oportuno" (Hb 4,16). E porque é a exortação mais importante de toda a Carta, ela é repetida: "Aproximemo-nos com um coração... purificado de todas as manchas de uma consciência má e com um corpo lavado com água pura" (Hb 10,22). Este convite dinâmico para se aproximar de Deus vai além da simples exortação à oração. Ela envolve toda a vida e existência do sacerdócio. Ela visa uma vida de relacionamento cada vez mais pessoal e íntimo com Deus, em virtude do sacrifício de Cristo. O convite para ir com confiança e em paz interior é a característica específica da situação do padre em sua surpreendente novidade. Mostra a importância primária da oração e da liturgia vivida em uma atmosfera de recolhimento, de silêncio, como um movimento interior em direção a Deus.

A vida sacerdotal, como a vida cristã, é uma existência litúrgica e, portanto, de relacionamento permanente com o Senhor. Salientemos o quanto a situação dos cristãos em relação à dos israelitas parece ser Esta é uma posição claramente privilegiada quando se trata de adoração. No Antigo Testamento, a organização do culto era regulada por numerosas e severas proibições. Não era permitido ir a Deus. O próprio Sumo Sacerdote não podia entrar livremente no santuário para oferecer as orações do povo a Deus. Ele só poderia fazê-lo uma vez por ano, durante uma cerimônia solene de expiação. Para todos os outros, a proibição era permanente, sob pena de morte (Lv 16,1-2). A grande novidade proclamada pelo Novo Testamento, e mais especialmente pela Carta aos Hebreus, é que, graças a Cristo, a passagem é livre: os cristãos, e mais especificamente os sacerdotes, têm a *"parrhesia"*, ou seja, o direito e a liberdade de se apresentarem diante de Deus, não, é claro, em vulgaridade, desrespeito e banalização litúrgica, mas com medo, temor, tremor, num sentido apurado da sacralidade deste momento de contato com Deus. Eles terão o cuidado de se reconciliar primeiro com Deus e seu próximo, e se prostrarão, como "os vinte e quatro anciãos [do Apocalipse], [...] diante d'Aquele que se senta no trono para adorar Aquele que vive pelos séculos dos séculos; lançando suas coroas diante do trono de Deus" (cf. Ap 4,10).

Esta nova situação obviamente produz mudanças consideráveis na liturgia: Cristo agora tem sempre a primazia absoluta. Ele é o centro disso. Ele é aquele que se oferece novamente na cruz. É ele quem nos celebra e nos associa à sua celebração para nos trazer ao mistério de sua Paixão, sua Morte e sua Ressurreição. Nós, sacerdotes, Nós somos meros instrumentos, mordomos dos mistérios de Cristo. Somos apenas guardiães e protetores do depósito da fé com a ajuda do Espírito Santo que habita em nós (cf. 2Tm 1,13-14). Assim, a liturgia não é mais simplesmente a celebração externa de um rito, mas o dinamismo espiritual que flui do sacrifício de Cristo. Na liturgia, tudo começa a partir de Cristo e termina n'Ele. Tudo é obra de Cristo, no qual ele associa sua Igreja. É claro, portanto, que o convite para acessar a Deus por meio de Cristo se realiza primeiro na liturgia cristã. A liturgia, devidamente compreendida e vivida, está longe de ser folclórica, uma mostra de nossa própria herança cultural ou ancestral. É *"opus Dei"*, uma obra de Deus para nossa salvação. Assim, na liturgia eucarística, a maior oração cristã, entramos no santuário pelo sangue e da carne de Cristo e sob a orientação de nosso Sumo Sacerdote: Cristo. Vamos com Ele a Deus, animados pela fé, esperança e caridade. Nossa oração como sacerdotes deve entrar neste grande mistério da oferenda e do sacrifício de Cristo. "Pelo contrário, tendo oferecido um único sacrifício pelos pecados, [Jesus Cristo] sentou-se para sempre à direita de Deus, agora esperando que seus inimigos fossem colocados [...] sob seus pés". Por um sacrifício ele aperfeiçoou para sempre aqueles que ele santifica" (Hb 10,12-14).

A Carta aos Hebreus usa uma fórmula dinâmica. Diz: "Por ele ofereçamos a Deus um sacrifício de louvor em todos os momentos, ou seja, o ato de fé que procede de nossos lábios em honra de seu nome" (Hb 13,15). E para dizer "oferecer", o texto original usa um verbo que expressa um movimento ascendente: "levantemos um sacrifício", como se estivéssemos em um contexto de celebração eucarística. A Eucaristia é certamente o momento mais significativo e importante deste sacrifício de louvor, mas a orientação recebida então deve se estender a toda a vida do sacerdote. Nosso dia inteiro e todas as nossas atividades sacerdotais devem ser uma celebração eucarística permanente, uma oração permanente. Aqui encontramos um pensamento e uma convicção caros a São Paulo: "Em todas as condições agradeça. Esta é a vontade de Deus para vós em Cristo Jesus" (1Ts 5,18). "Entoai salmos, hinos e cânticos de louvor; cantai e celebrai o Senhor de todo o coração. Em todos os momentos e em todas as coisas, dai graças a Deus Pai em nome de nosso Senhor Jesus Cristo" (Ef 5,19-20). "E o que quer que digais ou façais, dai sempre graças a Deus Pai em nome do Senhor Jesus" (Cl 3,17). A oração de louvor deve permear e envolver toda a nossa existência como sacerdotes e constituir nossa oferta permanente.

O sacrifício é a forma mais completa de oração, a maneira mais perfeita de entrar em uma relação íntima com Deus. Cristo mostrou que o sacrifício oferecido a Deus e a dedicação a nossos irmãos e irmãs não são duas áreas distintas de nossa existência. Seu sacrifício na Cruz uniu de forma mais próxima as duas dimensões do amor, sendo ambas, antes de tudo, um ato de perfeita obediência filial a Deus e a mais alta expressão de amor ao próximo. Seguindo o exemplo de Jesus e com a força obtida em seu sacrifício, a vida cristã e sacerdotal deve unir continuamente estas duas dimensões: a oferta de oração e a oferta de caridade.

Observemos que estes dois aspectos são todos menos separáveis, pois a caridade para com os outros também é exercida por meio da oração por eles. Pois orar uns pelos outros é uma forma muito importante de verdadeira caridade cristã (Hb 13,18).

"A oração cristã", escreve Albert Vanhoye, "não só é iluminada pelo mistério da contemplação de Cristo, mas também é moldada e baseada na intervenção real de Cristo que, reconhecendo em nós seus irmãos e irmãs, nos abre a possibilidade de ir a Deus com confiança e impregna nossas vidas com um movimento de oferta generosa"[9].

Como os apóstolos, digamos humildemente a Jesus: "Senhor, ensina-nos a orar como João ensinou a seus discípulos" (Lc 11,1).

---

[9] Albert Vanhoye. *Le Don du Christ*. "Lecture spirituelle". Paris, Bayard, 2005, p. 48.

VII
UMA SANTIDADE CONCRETA
A partir de uma meditação de Bento XVI

Introdução

Muitas vezes, tenho a impressão de que reuniões, retiros, sínodos lembram grandes e belas verdades, mas que tudo isso não muda nada na vida concreta. Essas grandes assembleias de bispos ou padres muitas vezes se contentam em escrever belas reflexões e publicar documentos intelectualmente bem estruturados e preocupados em adaptar-se ao espírito e à mentalidade moderna das sociedades ocidentais. Muito raramente outros povos do mundo são levados em consideração. Fica-se com a impressão de que o mundo inteiro está sendo arrastado para uma visão puramente ocidental das coisas, das pessoas e da história. Tudo parece estar organizado, pensado e resolvido pastoralmente apenas de acordo com as preocupações e problemas do Ocidente, como se a Igreja Católica fosse apenas europeia e nada mais. Às vezes, há o risco de falsificar a Palavra de Deus (cf. 1Cor 2,16; 4,2), de se distanciar daquele que disse: "Eu sou o Caminho, a Verdade e a Vida", e trair a revelação e o ensinamento perene da Igreja. Alguns escritos ou declarações parecem não se preocupar em ajudar os fiéis cristãos a encontrar Jesus Cristo, a aceitar plenamente as exigências radicais de seu Evangelho e a consolidar sua fé, a fim de permitir-nos ser verdadeiramente configurados a ele. Temos uma tendência a "espiritualizar", no sentido errado da palavra, as realidades cristãs. Nós os transformamos em ideias, em fantasmas. Tomemos um exemplo. No início da Quaresma, somos frequentemente lembrados de que o jejum que conta é o jejum do coração e da mente. Insistimos que o jejum não é principalmente um exercício externo, uma conquista. Isso é bom e correto. Mas somos tão insistentes que acabamos negligenciando o jejum do corpo, que é o suporte do jejum do coração. Pensamos que somos anjos e acreditamos que lembrar a verdade é o suficiente para colocá-la em prática. Mas precisamos de meios concretos. O exemplo de Cristo, que jejuou por quarenta dias e quarenta noites, nos convida a fazer o que Ele fez. Moisés jejuou repetidamente por quarenta dias e quarenta noites, cada vez que encontrou Deus "para levar as mesas de pedra, as mesas da aliança que Javé fez conosco" (cf. Ex 34,29; Dt 9,9). Durante a Quaresma, quando a antiga disciplina enfatiza a importância do controle do corpo pelo jejum, abstinência e vigílias noturnas, somos fortemente convidados a refletir sobre o que o corpo humano representa. O Evangelho chama o corpo de Jesus de templo (Jo 2,13-25). O templo é o lugar onde sacrifícios são oferecidos a Deus, o espaço sagrado onde Deus Podemos vê-lo e encontrá-lo cara a cara. Na Sexta-feira Santa, quando o Corpo do Filho de Deus foi colocado na cruz, um sacrifício perfeito, santo e agradável foi oferecido para o perdão dos pecados, e Deus revelou então o quanto nos amava até o fim do amor, em outras palavras, até a morte. Pois amar verdadeiramente é morrer por aqueles que amamos. Como envolver concretamente nossos corpos na Quaresma? Como prepará-lo para que seja verdadeiramente o templo de Deus? Por que então paramos de jejuar concretamente, corporalmente? Por que não aceitamos mais ir sem comida, como Jesus fez durante quarenta dias e quarenta noites? Pensamos que esta penitência e mortificação de nossos corpos é excessiva, inútil, obsoleta e inadequada em nossa era de produção e consumo? Certamente, não devemos nos contentar em reduzir nossos alimentos. Devemos também, e acima de tudo, abster-nos absolutamente do pecado, combater nossas más tendências. De maneira muito concreta, devemos nos renovar diariamente e nos armar para combater "o velho homem, que está corrompido pela concupiscência, para que possamos ser renovados por uma transformação espiritual de nossos julgamentos e nos revestir do novo homem, que foi criado segundo Deus, na justiça e na santidade da verdade" (Ef 4,22-24). Devemos lutar contra a rotina de nossa condição mortal. Todos nós temos que trabalhar para que ninguém permaneça nos vícios de sua antiga vida.

Apliquemos isto à vida sacerdotal. Precisamos reler os Atos dos Apóstolos. Depois de receber o Espírito Santo em Pentecostes, os Apóstolos, os primeiros sacerdotes da Igreja, não se contentaram em louvar a Deus e proclamá-lo na sóbria exaltação do Espírito. Eles deram uma forma centrada em Cristo e eclesial e consistência a suas vidas. "A multidão dos fiéis formava um coração e uma só alma. Ninguém reivindicava como seu o que lhes pertencia, mas entre eles tudo era comum. [...] Entre eles, portanto, não havia necessitados; todos os que possuíam terras ou casas as venderam, traziam o valor da venda e as colocavam aos pés dos apóstolos. Eles distribuíram a cada um de acordo com suas necessidades" (At 4,32, 34). "Eram diligentes no ensinamento dos apóstolos, fiéis na comunhão, no partir do pão e na oração" (At 2,42).

Ouso perguntar: e se nós imitássemos os Apóstolos? A forma apostólica de vida não deveria se tornar a forma sacerdotal de vida? Na história da Igreja, todas as renovações tiveram sua origem em um retorno ao Pentecostes. Precisamos de um Pentecostes sacerdotal.

Precisamos do Espírito Santo para tomar os meios concretos de santidade sacerdotal. Ser santo é viver perfeitamente as virtudes teologais e comportar-se como filhos de Deus, exatamente como nosso Pai Celestial pretendia que nos comportássemos. Ser santo é ser conformado e lutar constantemente por aquilo para o qual Deus nos destinou, a saber, tornar-se participantes da natureza divina (cf. 2Pd 1,4). Até atingirmos o que fomos feitos para nós, experimentaremos dentro de nós o anseio ansioso da alma por Deus, que Santo Agostinho expressou no famoso início de suas Confissões: "Fizeste-nos para vós, Senhor, e inquieto está nosso coração enquanto não repousa em Vós"[10]. Porque Ele, nosso Deus, é santo, nós também devemos nos tornar santos. O Senhor falou a Moisés: "Fala a toda a comunidade dos israelitas. Dizei-lhes: 'Sede santos, porque eu, o Senhor vosso Deus, sou santo'" (Lv 19,2). Deus nos dá

---

[10] Santo Agostinho. *Confissões*, 1, 1.

para sermos santos como Ele, porque Ele é santo. Talvez pensemos que este seja um ideal inalcançável e exorbitante demais, impossível. Bem, se te sentes abatido, quando toca com o dedo, talvez de forma particularmente vívida, sua humildade, a enormidade de seus pecados e o nada, o pó que és, coloca-te nas mãos de Deus com toda confiança, "pois nada é impossível para Deus" (Lc 1,37). Ele é capaz de fazer em nós aquilo pelo qual nos escolheu antes de o mundo começar. Sozinhos e com nossas próprias forças, somos incapazes de nos tornar santos. É por isso que Jesus reza a seu Pai, dizendo: "Santifica-os na verdade: sua palavra é verdade". Eu me santifiquei para o bem deles, para que também eles sejam santificados na verdade" (Jo 17,17,19).

Conta-se que, um dia, um mendigo veio ao encontro de Alexandre, o Grande, e lhe pediu esmola. Alexandre parou e ordenou que ele se tornasse senhor de cinco cidades. O pobre homem, confuso e atordoado, exclamou: "Eu não pedi tanto"! E Alexandre respondeu: "Tu perguntaste de conforme o que és; eu te dou de acordo com o que sou". Deus sempre dá de forma surpreendente. Como sacerdotes, Deus já nos deu tudo, segundo o que Ele é, por Jesus Cristo: "Já não vos chamo servos, porque um servo não sabe o que faz seu senhor, mas vos chamo amigos, porque tudo o que ouvi de meu Pai dei-vos a conhecer" (Jo 15,15).

Bento XVI, Reunião do Papa Bento XVI com o clero da diocese de Bressanone, 6 de agosto de 2008

[...] Estou entre vós no meio deste processo de fadiga e luta interior, e tentarei dizer algumas palavras que serão apenas uma parte de um diálogo mais amplo.

Em minha resposta, gostaria de levar em conta dois aspectos fundamentais. Por um lado, o caráter insubstituível do sacerdote, o significado e o modo do ministério sacerdotal hoje; por outro lado — e isto é mais evidente hoje do que antes — a multiplicidade de carismas e o fato de que todos eles juntos são a Igreja, edificam a Igreja, e por esta razão devemos trabalhar para despertar os carismas, devemos cuidar deste ser vivo juntos para que ele possa então sustentar o sacerdote. Ele apoia os outros, os outros o apoiam, e é somente nesse complexo e diversificado conjunto que a Igreja pode crescer hoje e ir para o futuro.

Por um lado, sempre haverá necessidade do sacerdote que é completamente dedicado ao Senhor e, de fato, completamente dedicado ao homem. No Antigo Testamento há o chamado à santificação, que corresponde mais ou menos ao que entendemos por consagração, e também por ordenação sacerdotal: algo é confiado a Deus e assim é removido da esfera do comum, dado a Ele. Mas isso significa que agora está disponível para todos. É precisamente por ter sido separado e dado a Deus que não está mais isolado, mas foi elevado para o "para", para o "para todos". Penso que tudo isso também pode ser dito sobre o sacerdócio da Igreja. Isso significa que, por um lado, somos confiados ao Senhor, afastados da esfera do comum, mas, por outro lado, somos confiados a Ele para que, dessa forma, possamos pertencer totalmente a Ele e totalmente a outros. Creio que devemos tentar constantemente mostrar aos jovens — àqueles que são idealistas, que querem fazer algo pelo todo — que é precisamente essa "extração da esfera comum" que significa "presente para o todo" e que esta é uma forma importante, a forma mais importante de servir aos irmãos. O fato de colocar-se à disposição do Senhor na totalidade do seu ser e, portanto, estar totalmente à disposição dos homens, também faz parte disso. Creio que o celibato é uma expressão fundamental dessa totalidade e, por isso, é uma grande recordação neste mundo, pois não faz sentido se não crermos verdadeiramente na vida eterna, que Deus nos chama e que podemos responder a seu chamado.

Portanto, o sacerdócio é insubstituível porque na Eucaristia, a partir de Deus, ele sempre edifica a Igreja, porque no Sacramento da Penitência ele sempre confere purificação, porque no Sacramento o sacerdócio é precisamente um compromisso com o "para" de Jesus Cristo. Mas sei perfeitamente como é difícil hoje — quando um padre se vê administrando não apenas uma paróquia facilmente administrada, mas várias paróquias ou unidades pastorais; quando ele tem que estar à disposição deste conselho, daquele conselho, etc. — como é difícil viver em tal situação. Como é difícil viver uma vida assim. Acredito que nessa situação é importante ter a coragem de se limitar e a previsão para decidir sobre as prioridades de cada um. Uma prioridade fundamental da vida sacerdotal é estar com o Senhor e, portanto, ter tempo para a oração. São Carlos Borromeu costumava dizer: "Não poderás cuidar das almas dos outros se deixares tua própria alma murchar. No final, não serás capaz de fazer nada, nem mesmo pelos outros. Deves ter tempo para estares com Deus". Portanto, gostaria de salientar o seguinte: não importa quantos compromissos se sobreponham, é uma verdadeira prioridade encontrar, diria eu, uma hora de tempo a cada dia para permanecer em silêncio para o Senhor e com o Senhor, como a Igreja nos propõe fazer com o breviário, com as orações do dia, de modo a poder enriquecer-nos sempre de novo interiormente, para voltar — como disse na minha resposta à primeira pergunta — no sopro do Espírito Santo. E, a partir disto, resolver as prioridades: preciso aprender a ver o que é realmente essencial, ver onde minha presença como padre é absolutamente indispensável, onde não posso delegar outra pessoa. E, ao mesmo tempo, tenho que aceitar com humildade, onde tenho muitas coisas a fazer, onde minha presença é necessária, que não posso fazê-lo porque reconheço minhas limitações. Acredito que tal humildade será compreendida por outros.

E agora tenho que ligar isto ao outro aspecto: saber delegar, pedir às pessoas que colaborem. Tenho a impressão de que as pessoas compreendem e até apreciam quando um padre está com Deus, quando ele assume a tarefa de ser aquele que reza pelos outros: nós — dizem — não somos capazes de rezar tanto, tens que fazê-lo por mim; basicamente, é seu trabalho, por assim dizer, ser aquele que reza por nós. Eles querem um padre que se comprometa honestamente a viver com o Senhor e que esteja à disposição das pessoas — pessoas que sofrem, pessoas à beira da morte, crianças, jovens (estas são, eu diria, suas prioridades) — mas que também saiba distinguir as coisas que outros podem fazer melhor do que ele, abrindo espaço para estes carismas. Estou pensando nos movimentos e nas muitas outras formas de colaboração nas paróquias. Tudo isso é refletido em conjunto em uma diocese, formas são criadas e intercâmbios são promovidos. Estás certo ao dizer que é importante olhar além da paróquia para a comunidade da diocese, e até mesmo para a comunidade da Igreja universal, que por sua vez deve olhar o que acontece em uma paróquia e quais são as consequências para cada sacerdote.

Também tocaste em outro ponto, que é muito importante para mim: os padres, mesmo que vivam em lugares geograficamente distantes uns dos outros, são uma verdadeira comunidade de irmãos que devem se apoiar e ajudar uns aos outros. Essa comunhão entre os sacerdotes é hoje mais importante do que nunca. É precisamente para não cair no isolamento, na solidão e na tristeza que o acompanha, que é importante poder reunir-se regularmente. É dever da diocese estabelecer a melhor forma de organizar reuniões entre os padres — o carro hoje em dia facilita muito a viagem — para que sempre vivenciemos uma nova experiência, aconteça o que acontecer, nosso estar juntos, que aprendamos uns com os outros, que nos encorajamos e nos ajudamos mutuamente, que damos coração e conforto uns aos outros, para que nesta comunhão do presbitério, juntamente com nosso bispo, possamos prestar nosso serviço na Igreja local. Nenhum padre é um padre sozinho, somos uma comunidade e é somente nesta comunhão com o bispo que cada um pode prestar seu serviço. Agora, esta bela comunhão, reconhecida por todos em nível teológico, deve também ser traduzida em prática, de uma forma determinada pela Igreja local. E deve ser estendida, porque nenhum bispo é um bispo sozinho, mas apenas um bispo no colégio, na grande comunhão dos bispos. É a esta comunhão que sempre queremos nos comprometer. E penso este é um aspecto particularmente belo do catolicismo, pois em um ministério de comunhão, podemos estar certos desta unidade, para que em uma grande comunidade de tantas vozes, todas juntas, a grande música da fé possa ser ouvida neste mundo.

Oremos ao Senhor para que Ele sempre nos conforte quando pensamos que não podemos mais fazê-lo; apoiemo-nos mutuamente, só então o Senhor nos ajudará a encontrar juntos os caminhos certos.

MEDITAÇÃO

Devemos, pois, unir-nos a Ele pela fé, permitindo que Sua vida se manifeste e penetre na parte mais íntima de nós. A santidade nos dá o direito de pertencer a uma imensa multidão de discípulos autênticos de Cristo, que formam a Igreja, seu Corpo, um Corpo místico composto de várias raças de homens e mulheres, jovens e velhos, pobres e ricos, pecadores e santos. Todos os domingos, quando os fiéis cristãos se reúnem para o culto, eles se tornam um templo onde Jesus Cristo renova seu sacrifício purificador e santificador, e onde Deus está presente. No coração da celebração eucarística, vivida na fé, no recolhimento, no silêncio e na reverência, olhai para aqueles ali reunidos sob o sopro do Espírito: sabeis imediatamente que vedes o Corpo de Cristo. Olhe para Deus, e verás seus rostos, cansados ou radiantes de alegria interior, seus sorrisos discretos ou suas lágrimas, e sabereis que ali vedes a face de Cristo. Eles são o Corpo que Jesus prometeu ressuscitar dos mortos. É precisamente por esta razão que os Atos dos Apóstolos nos perguntam sobre a convivência. Eles nos desafiam. Para nós padres, é normal, humano e espiritualmente estruturante viver sozinho? Um rio, por mais majestoso que seja, precisa de uma nascente e de afluentes para inchar suas águas, caso contrário, ele seca. É normal, é desejável, rezar as Horas do Breviário sozinho todos os dias? Não deveríamos ao menos sofrer com esta situação? Não deveríamos testemunhar a vida fraterna e comum?

Eu não tenho uma solução milagrosa para lhe oferecer. Mas tenho uma certeza: nosso testemunho não é confiável se somos incapazes de uma vida de caridade concreta e, portanto, de uma vida em comum. "O fruto do Espírito é caridade, alegria, paz, longanimidade, ajuda, bondade, confiança nos outros, mansidão, autodomínio" (Gl 5,22). O fruto de toda Eucaristia é esta unidade entre nós, esta vida comum e fraternidade cristã que nos torna consanguíneos porque o sangue de Cristo flui em nossas veias. O breviário destina-se a ser rezado e cantado em comum e vivido em comunidade. E se ousássemos nos dar os meios para fazer isso?

VII | Uma santidade concreta

Creio que o povo de Deus precisa ver e experimentar que os padres são os primeiros a viver como os Apóstolos. Os fiéis querem ver seus padres rezando juntos, vivendo juntos na caridade. Que credibilidade terá a comunhão sacramental se ela não for vivida em comunhão fraterna?

Esta é uma missão urgente para os bispos. Cabe a eles oferecer aos padres as condições afetivas e realistas para uma vida em comum. Cabe a eles compartilhar esta vida com seus sacerdotes. Não é apenas uma questão de ajudar cada padre em sua vida pessoal. A vida comum é parte da identidade do sacerdócio:

"Por causa de sua ordenação, que os levou à ordem do presbitério, os sacerdotes estão todos intimamente ligados uns aos outros pela fraternidade sacramental. Mas como são designados para servir uma diocese dependente do bispo local, eles formam um presbitério único neste nível. Embora as tarefas que lhes são confiadas sejam diversas, trata-se de um único ministério sacerdotal exercido para os homens. Portanto, é essencial que todos os sacerdotes, diocesanos e religiosos, se ajudem mutuamente e trabalhem sempre juntos no trabalho da verdade. Cada membro deste presbitério forma laços especiais de caridade apostólica, ministério e fraternidade com os outros. Cada sacerdote está, portanto, unido a seus coirmãos por um vínculo de caridade, oração e cooperação em todas as suas formas"[11].

Uma vida solitária não pode manifestar a plenitude do mistério de Cristo sacerdote. E como os Atos dos Apósto-

---

[11] Concílio Ecumênico Vaticano II. Decreto sobre o ministério e a vida dos sacerdotes *Presbyterorum ordinis*, n° 8, 7 de dezembro 1965.

los nos lembram, vida comum, oração litúrgica em comum, pois por na caridade bens em comum é o primeiro fruto do Espírito Santo. Se não vemos este fruto, então podemos duvidar da presença do Espírito. Ousemos nos fazer perguntas concretas. Creio que o primeiro lugar onde esta vida comum de oração, caridade e apostolado deve ser vivida é a Cúria Romana. Atualmente, a vida santa de muitos sacerdotes é obscurecida pelos escândalos e ambições de alguns. Ouso sonhar: e se nós, na Cúria, levássemos a sério os Atos dos Apóstolos? Seria impossível para os cardeais viverem ao redor do Papa, rezarem juntos, compartilharem uma mesa sóbria e comum? Talvez esta seja a reforma mais evangélica da Cúria! O Papa Francisco nos faz experimentar isso durante os exercícios espirituais anuais nos quais compartilhamos a mesma Eucaristia, as mesmas refeições, os mesmos momentos de escuta da Palavra de Deus e de meditação sobre ela, em uma atmosfera divina de recolhimento, silêncio e solidão. Não poderíamos vivê-lo concretamente o ano todo? Que alegria seria compartilhar concretamente nossa felicidade de sermos sacerdotes! Certamente, a vida em comum nem sempre é fácil. É exigente. Mas basta frequentar as comunidades monásticas para saber que é uma fonte de alegria profunda e comunicativa.

VIII
A RADICALIDADE DO EVANGELHO
A partir de uma meditação de São João Paulo II

Introdução

O Concílio Vaticano II aprofundou nossa compreensão da santidade sacerdotal. No Sínodo de 1990, toda a Igreja retomou seus ensinamentos para convidar os padres à radicalidade da vida evangélica. Muito frequentemente, temos a tendência de pensar que os conselhos evangélicos, a pobreza, a castidade e a obediência são reservados aos religiosos. No entanto, eles são oferecidos a todos os batizados e, de uma forma específica, aos padres. Infelizmente, a pobreza sacerdotal e a obediência sacerdotal muitas vezes permanecem realidades etéreas, discursos acadêmicos feitos por pessoas de classe média que se sentam na cátedra de Moisés (cf. Mt 23, 2-5). Eles são comentados e elogiados, mas eles são colocados em prática?

Para todos os cristãos, sem exceção, o radicalismo evangélico é uma exigência fundamental e insubstituível que brota do chamado de Cristo para segui-lo e para imitá-lo. Todos são chamados à santidade, mas os padres são chamados à santidade de uma forma especial. Eles devem ser santos especificamente como sacerdotes. Configurados a Cristo de uma forma específica, devem imitá-lo de uma forma particular na radicalidade do Evangelho. Há muitas virtudes decisivas para a vida pastoral e espiritual do sacerdote. Por exemplo, fé, humildade diante do mistério de Deus, misericórdia e prudência. Mas os "conselhos evangélicos" que Jesus ensina no Sermão da Montanha são a expressão privilegiada do radicalismo evangélico (cf. Mt 5-7). Entre esses conselhos, intimamente coordenados entre si, estão a obediência, a castidade e a pobreza. "O sacerdote é chamado a vivê-los de acordo com as modalidades e, mais ainda, de acordo com os objetivos e o significado original que emanam da identidade do sacerdote e a expressam", diz São João Paulo II.

A santidade aparece como uma exigência íntima do sacerdócio. Albert Vanhoye escreve: "Antes de Cristo, a santidade dos sacerdotes era certamente uma preocupação, mas somente uma santidade externa podia ser assegurada: um ritual meticuloso (abluções, unções, vestes especiais) separava materialmente o sacerdote do mundo profano e o consagrava simbolicamente a Deus. Dessa forma, foi expressa a preocupação de se tornar digno de Deus. Mas o que as cerimônias e ornamentos sagrados podem fazer se o coração do homem permanecer contaminado? É no fundo de seu ser que o sacerdote deve estar em sintonia com Deus. Caso contrário, ele não pode ser aceito".

Essa exigência radical encontra sua plena realização em Jesus Cristo, e somente Nele. A santidade de Cristo não é uma veste cerimonial destinada a esconder a indignidade pessoal do sacerdote. É uma santidade interior, que surge nele como a própria fonte de seu ser, o enche completamente e se espalha com força impetuosa.

João Paulo II, *Pastores dabo vobis* (capítulo 3, § 27-30)

Existência sacerdotal e radicalismo evangélico

Para todos os cristãos, sem exceção, o radicalismo evangélico é uma exigência fundamental e insubstituível, que brota do chamado de Cristo para segui-lo e imitá-lo, em virtude da íntima comunhão de vida com Ele trazida pelo Espírito Santo (cf. Mt 8,18-20; Mt 10,37-39; Mc 8,34-38; Mc 10,17-21; Lc 9,57-62). Essa mesma exigência é imposta aos sacerdotes, não somente porque eles estão "dentro" da Igreja, mas também porque eles estão "diante" da Igreja, na medida em que estão configurados a Cristo Cabeça e Pastor, consagrados e comprometidos com o ministério ordenado, animados pela caridade pastoral. No radicalismo evangélico e para manifestá-lo, há todo um florescimento de numerosas virtudes e exigências morais que são decisivas para a vida pastoral e espiritual do sacerdote. Mencionemos, por exemplo, a fé, a humildade diante do mistério de Deus, a misericórdia e a prudência. Os vários "conselhos evangélicos" que Jesus propõe no Sermão da Montanha são a expressão privilegiada do radicalismo evangélico (cf. Mt 5-7). Entre esses conselhos, intimamente coordenados entre si, estão a obediência, a castidade e a pobreza. O sacerdote é chamado a vivê-los de acordo com as modalidades e, mais ainda, de acordo com os objetivos e o significado original que emanam e expressam a identidade do sacerdote.

"Entre as qualidades mais indispensáveis para o ministério dos sacerdotes está a disponibilidade interior para buscar não sua própria vontade, mas a vontade daquele que os enviou (cf. Jo 4,34; Jo 5,30; Jo 6,38)"[1]. É a obediência que, no caso da vida espiritual do sacerdote, tem certas características especiais.

É sobretudo uma obediência "apostólica", no sentido em que reconhece, ama e serve a Igreja em sua estrutura hierárquica. De fato, não há ministério sacerdotal fora da comunhão com o Sumo Pontífice e o colégio dos bispos, especialmente o bispo da diocese, ao qual o "respeito filial e a obediência" prometidos na ordenação devem ser devolvidos. Essa "submissão" àqueles que estão investidos de autoridade eclesial não é humilhante, mas resulta da liberdade responsável do sacerdote que acolhe as exigências da vida eclesial estruturada e organizada. Ele também aceita a graça do discernimento e o senso de responsabilidade nas decisões eclesiásticas. Jesus concedeu esta graça aos Apóstolos e seus sucessores, para que o mistério da Igreja pudesse ser fielmente guardado e a coesão da comunidade cristã é mantido no caminho único que conduz à salvação.

A autêntica obediência cristã, corretamente motivada e vivida sem servidão, ajuda o sacerdote a exercer, com transparência evangélica, a autoridade que lhe foi dada a exercer entre o povo de Deus: sem autoritarismo e sem procedimentos demagógicos. Somente aqueles que sabem obedecer em Cristo sabem como pedir obediência aos outros no espírito do Evangelho.

A obediência do sacerdote tem, além disso, uma exigência "comunal": não é a obediência de um indivíduo isolado em relação à autoridade, mas esta obediência está profundamente integrada na unidade do

---

[1] *Presbyterorum ordinis*, nº 15, 7 de dezembro de 1965.

presbitério que, como tal, é chamado a viver em cordial colaboração com o bispo e, por seu intermédio, com o sucessor de Pedro[2].

Este aspecto da obediência sacerdotal requer uma ascese considerável: por um lado, o sacerdote se habitua a não estar muito apegado a suas próprias preferências ou a seus próprios pontos de vista; por outro lado, ele deixa espaço suficiente para que os confrades aproveitem ao máximo seus talentos e habilidades, com exclusão de todo ciúme, inveja e rivalidade. A obediência sacerdotal é uma obediência de solidariedade, que se baseia na pertença do sacerdote ao único presbitério e que, sempre dentro dele e com ele, expressa orientações e escolhas corresponsáveis.

Finalmente, a obediência sacerdotal tem um caráter particular, o caráter "pastoral". Isso significa que o padre vive em um clima de disponibilidade constante para se deixar apreender, ou para se deixar "devorar", como foi possível dizer, pelas necessidades e as exigências do rebanho, que devem ser razoáveis; elas deverão ser objeto de discernimento e ser submissas à verificação, mas é inegável que a vida do sacerdote é totalmente preenchida pela fome do Evangelho, pela fé, esperança e amor a Deus e seu mistério, que, mais ou menos conscientemente, está presente no povo de Deus a ele confiado.

Entre os conselhos evangélicos — escreve o Concílio — "há em primeiro lugar aquele precioso dom de graça dado pelo Pai a alguns (cf. Mt 19,11; 1Cor 7,7) para se consagrarem mais facilmente e de coração indiviso somente a Deus (cf. 1Cor 7,32-34) na virgindade ou no celibato. Essa perfeita continência por causa do Reino de Deus sempre foi objeto de honra especial por parte da Igreja, como sinal e estímulo da caridade e como fonte particular de fecundidade espi-

---

[2] Cf. ibid.

ritual no mundo"³. *Na virgindade e no celibato, a castidade mantém seu significado fundamental, ou seja, o de uma sexualidade humana vivida como manifestação autêntica e serviço precioso do amor à comunhão e à doação interpessoal. Esse significado é plenamente mantido na virgindade, que, mesmo na renúncia ao matrimônio, realiza o "significado esponsal" do corpo, por meio de uma comunhão pessoal e um dom pessoal a Jesus Cristo e à sua Igreja; essa comunhão e esse dom prefiguram e antecipam a comunhão e a doação perfeita e definitiva do além: "Na virgindade, o homem espera, mesmo em seu corpo, nas núpcias escatológicas do Cristo com a Igreja, e ele se doa inteiramente à Igreja na esperança de que o Cristo se doará na plena verdade da vida eterna"*⁴.

Nessa perspectiva, é fácil compreender e apreciar as razões da escolha multissecular que a Igreja Ocidental fez e manteve, apesar de todas as dificuldades e objeções levantadas ao longo dos séculos, para conferir a ordenação sacerdotal somente a homens que atestam ser chamados por Deus ao dom da castidade no celibato absoluto e perpétuo.

Os Padres sinodais expressaram seu pensamento clara e vigorosamente em uma proposta importante que merece ser relatada de forma completa e literal: "Salvaguardando a disciplina das Igrejas Orientais, o Sínodo, convencido de que a castidade perfeita no celibato sacerdotal é um carisma, lembra aos sacerdotes que ele constitui um dom inestimável de Deus para a Igreja e representa um valor profético para o mundo de hoje. Este Sínodo afirma, mais uma vez e com força, o que a Igreja Latina e certos ritos orientais exigem, ou seja, que o sacerdócio seja conferido somente aos homens que receberam de Deus o dom da vocação à castidade celibatária (sem prejuízo da

---

[3] *Lumen gentium*, nº 42.
[4] Exortação apostólica *Familiaris Consortio* (22 de novembro de 1981), nº 16, AAS 74 (1982), p. 98.

tradição de certas Igrejas Orientais e de casos particulares de clérigos casados que se converteram ao catolicismo, para os quais é feita uma exceção na encíclica de Paulo VI sobre o celibato sacerdotal). O Sínodo não quer deixar qualquer dúvida na mente de todos sobre a firme vontade da Igreja de manter a lei que requer o celibato livre e perpétuo para candidatos à ordenação sacerdotal em rito latino. O Sínodo pede que o celibato seja apresentado e explicado em toda sua riqueza bíblica, teológica e espiritual como um dom precioso de Deus para sua Igreja e como um sinal do Reino que não é deste mundo, um sinal também do amor de Deus por este mundo, assim como do amor indiviso do sacerdote por Deus e pelo povo de Deus, para que o celibato seja visto como um enriquecimento positivo do sacerdócio"[5].

É particularmente importante que o sacerdote compreenda a motivação teológica da lei da Igreja sobre o celibato. Como lei, ela expressa a vontade da Igreja, mesmo antes de o sujeito expressar sua vontade de estar disponível para ela. Mas a vontade da Igreja encontra sua motivação final no vínculo do celibato com a Ordenação sagrada, que configura o sacerdote a Jesus Cristo, Cabeça e Esposa da Igreja. A Igreja, como Esposa de Jesus Cristo, quer ser amada pelo sacerdote da maneira total e exclusiva que Jesus Cristo, Cabeça e Esposa, a amou. O celibato sacerdotal, portanto, é um dom de si mesmo em e com Cristo para sua Igreja, e expressa o serviço do sacerdote à Igreja em e com o Senhor.

Para uma vida espiritual autêntica, o sacerdote deve considerar e viver o celibato não como um elemento isolado ou puramente negativo, mas como um aspecto de uma orientação positiva, específica e característica de sua pessoa. Deixando seu pai e sua mãe, ele segue Jesus, o Bom Pastor, em comunhão apostólica, ao serviço do povo

---
[5] Propositio 11.

de Deus. O celibato deve, portanto, ser acolhido em uma decisão livre e amorosa, para ser continuamente renovado, como um inestimável dom de Deus, como um "estímulo à caridade pastoral"[6], como uma participação especial na paternidade de Deus e na fecundidade da Igreja, como testemunha do Reino escatológico dado ao mundo. Para viver todas as exigências morais, pastorais e espirituais do celibato sacerdotal, a oração humilde e confiante é absolutamente necessária, como nos adverte o Concílio: "Certamente, há muitos no mundo de hoje que declaram impossível a continência perfeita: essa é outra razão pela qual os sacerdotes devem pedir humildemente e perseverantemente, em união com a Igreja, a graça da fidelidade, que nunca é recusada àqueles que a pedem. Deixe-os também usar os meios naturais e sobrenaturais disponíveis para todos. Será a oração, juntamente com os sacramentos da Igreja e o esforço ascético, que dará esperança nas dificuldades, perdão das faltas, confiança e coragem na retomada da marcha em frente".

Os Padres sinodais descreveram a pobreza evangélica de forma mais concisa e profunda do que nunca, apresentando-a como "a submissão de todos os bens ao supremo bem de Deus e seu Reino"[7]. Na verdade, somente aqueles que contemplam e vivem o mistério de Deus como único e supremo Bem, como verdadeira e definitiva riqueza, podem compreender e realizar a pobreza. Certamente não se trata de desprezo e recusa de bens materiais, mas é o livre uso desses bens e, ao mesmo tempo, uma alegre renúncia a eles em uma grande disponibilidade interior para Deus e para seus propósitos.

A pobreza do sacerdote, devido à sua configuração sacramental a Cristo Cabeça e Pastor, tem conotações pastorais precisas. Foi a

---

[6] Presbyterorum ordinis, nº 16.
[7] Propositio 8.

estes que os Padres sinodais se voltaram, assumindo e desenvolvendo o ensino conciliar[8]. Entre outras coisas, eles escrevem: "Os sacerdotes, seguindo o exemplo de Cristo, que foi rico e se tornou pobre por amor a nós (cf. 2Cor 8,9), devem considerar os pobres e os mais fracos como sendo confiados a eles de maneira especial, e devem ser capazes de dar testemunho da pobreza por uma vida simples e austera, estando já acostumados a renunciar generosamente ao supérfluo" (OT 9; CIC 282)[9].

É verdade que "o trabalhador merece seu salário" (Lc 10,7), e que "o Senhor ordenou aos que pregam o Evangelho que vivam do Evangelho" (1Cor 9,14); mas também é verdade que este direito do Apóstolo não pode ser confundido com qualquer pretensão de subordinar o serviço do Evangelho e da Igreja aos benefícios e interesses que dele possam derivar. Só a pobreza garante que o padre tenha a disponibilidade necessária para ser enviado para onde sua ação for mais útil e urgente, mesmo à custa de sacrifício pessoal. Esta é a condição prévia para a docilidade do apóstolo ao Espírito, o que o torna pronto para "ir" sem bagagem e sem cajado, seguindo apenas a vontade do Mestre (cf. Lc 9,57-62; Mc 10,17-22).

Integrado pessoalmente na vida da comunidade pela qual ele é responsável, o padre deve dar testemunho de total "transparência" na administração dos bens da comunidade. Ele nunca os tratará como se fossem um patrimônio pessoal, mas como algo pelo qual ele deve prestar contas a Deus e a seus irmãos, especialmente aos pobres. E a consciência de pertencer a um único presbitério, compromete o sacerdote a favorecer ou uma distribuição mais equitativa dos bens entre os confrades, ou um certo uso comum desses bens (cf. At 2,42-45).

---

[8] Cf. *Presbyterorum ordinis*, nº 17.
[9] *Propositio* 10.

A liberdade interior, alimentada e preservada pela pobreza evangélica, torna o padre capaz de estar ao lado dos mais fracos, de ser solidário com seus esforços para estabelecer uma sociedade mais justa, de ser mais sensível e capaz de compreender e discernir os fenômenos que afetam o aspecto econômico e social da vida, e de promover a escolha preferencial dos pobres. Sem excluir ninguém do anúncio e do dom da salvação, o sacerdote sabe estar atento aos pequenos, aos pecadores, a todos aqueles que estão à margem, segundo o modelo dado por Jesus no decorrer de seu ministério profético e sacerdotal (cf. Lc 4,18).

O significado profético da pobreza sacerdotal, especialmente urgente nas sociedades de opulência e consumismo, não deve ser esquecido: "O sacerdote verdadeiramente pobre é certamente um sinal concreto de separação, de renúncia e não de submissão à tirania do mundo contemporâneo, que põe toda sua confiança no dinheiro e na segurança material"[10].

Na cruz, Jesus Cristo leva à perfeição sua caridade pastoral, em extrema abnegação externa e interna; ele é modelo e fonte das virtudes da obediência, castidade e pobreza que o sacerdote é chamado a viver como expressão de seu amor pastoral por seus irmãos. Segundo o que Paulo escreveu aos cristãos de Filipos, o sacerdote deve ter os "mesmos sentimentos" de Jesus, despojando-se de seu próprio "eu" para encontrar na caridade obediente, casta e pobre o caminho real para a união com Deus e a unidade com seus irmãos (cf. Fl 2,5)[11].

■ MEDITAÇÃO

Como podemos permanecer indiferentes ao drama do abuso sexual e do abuso de autoridade? Estou convencido

---

[10] Ibid.
[11] João Paulo II. *Pastores dabo vobis*, 25 de março de 1992.

de que eles têm suas raízes na secularização da vida dos sacerdotes. O padre é um homem separado para o serviço de Deus e da Igreja. Ele é uma pessoa consagrada. Toda sua vida está separada para Deus. Mas tem havido um desejo de desacreditar a vida sacerdotal. Eles queriam banalizá--lo, torná-lo profano, secularizá-lo.

Os sacerdotes foram treinados sem que lhes fosse ensinado que o único ponto de apoio para suas vidas é Deus, sem que se faça a experiência de que suas vidas só têm sentido por Deus e para Ele. Privados de Deus, eles ficaram apenas com o poder humano. Alguns caíram na lógica diabólica do abuso de autoridade e dos crimes sexuais. Se um sacerdote não experimenta diariamente que é apenas um instrumento nas mãos de Deus, se não está constantemente diante de Deus para servi-lo com todo o seu coração, então corre o risco de ficar intoxicado com um senso de poder. Se a vida de um sacerdote não é uma vida consagrada, então ele está em grande perigo de ilusão e desvio.

No entanto, o celibato é a manifestação mais óbvia de que o sacerdote pertence a Cristo e não mais pertence a si mesmo. O celibato é o sinal de uma vida que só tem sentido por Deus e para ele.

Com relação ao clero oriental casado, gostaria de enfatizar alguns pontos. O ser profundo do sacerdote consiste em uma identificação, uma conformação com Cristo, o esposo da Igreja. Essa realidade é perfeitamente expressa e manifestada pelo estado dos padres celibatários, seja no Oriente ou no Ocidente. De fato, não devemos ignorar o fato de que muitos padres diocesanos das Igrejas Católicas Orientais escolhem viver vidas celibatárias. O Santo Papa

João Paulo II, aquele grande amigo do Oriente cristão, nos ensinou isto muito claramente na Exortação Apostólica *Pastores dabo vobis*: "*O celibato sacerdotal não deve ser considerado como uma mera norma jurídica, nem como uma condição externa para ser admitido à ordenação. Pelo contrário, o celibato é um valor profundamente ligado à ordenação: torna-nos conformes a Jesus Cristo, o Bom Pastor e Cônjuge da Igreja*"[12].

É claro, todo sacerdote vive pelo menos interiormente neste mistério. Mas isso é menos óbvio e manifesto para a Igreja e para o Povo de Deus no caso de padres casados. Eu não estou questionando a santidade pessoal de cada um deles. Sei o quanto eles se dedicam todos os dias à Igreja de Deus. Se eu pudesse encontrá-los pessoalmente, beijaria suas mãos consagradas com óleo sagrado, mãos que tocam o precioso corpo de Jesus Cristo todos os dias, mãos que dão absolvição e bênção. Mas devo afirmar que os padres celibatários dão um sinal necessário a toda a Igreja para que ela se entenda como a noiva de Cristo.

Gostaria de citar longamente o grande teólogo e conhecedor da antiga tradição, Padre Louis Bouyer: "A Igreja no Ocidente exige não só castidade, mas também celibato de todos os seus padres. No Oriente, suas exigências não são tão rigorosas, mas o ideal que ela propõe ao clero é, no entanto, ainda mais explícito. Os sacerdotes do rito oriental, não mais do que os do rito latino, não podem se casar após sua consagração. É-lhes simplesmente permitido, se foram casados antes de serem ordenados sacerdotes, perseverar no estado de casados".

---

[12] João Paulo II. *Pastores dabo vobis*, nº 50.

"No entanto, a própria Igreja no Oriente é bastante formal no ponto de que a consagração ao ministério sacerdotal requer, pelo menos como ideal, o abandono de tudo para Cristo: do Bispo ao menos, no qual o sacerdócio está presente em sua plenitude e como em sua fonte visível, ela requer não apenas que ele viva no celibato, mas que ele tenha se consagrado totalmente a Cristo, antes de sua consagração, por profissão monástica. E é claro que, para os próprios sacerdotes do segundo grau, o estado de vida que ele recomenda sem impor a todos é o do hieromonge: ou seja, de alguém que a vida monástica completa, com todas as suas exigências de desprendimento, preparou para a paternidade espiritual selada pelo sacerdócio. É aqui que a prática da Igreja Oriental é especialmente esclarecedora. Ele nos mostra, de fato, como, nas renúncias do padre, a castidade que é simplesmente corporal não é de forma alguma o todo, e, em consequência, como não se trata apenas da carne, nem, *a fortiori*, de uma visão exageradamente pessimista da mesma. Ao fazer do sacerdote-monge seu ideal, a Igreja oriental nos mostra que a castidade do sacerdote deve estar ligada a um espírito muito mais geral de pobreza. Não é apenas o carnal que o padre deve dominar, superar, na vida casta que lhe é exigida: é todo apego particular, mesmo ao melhor das realidades humanas"[13].

A obediência do padre não é uma submissão profissional a um superior. É parte da obediência do Filho ao Pai, participa dela e a estende.

Como Cristo, o sacerdote deve poder dizer: "Minhas palavras não são minhas, mas daquele que me enviou" (Jo

---

[13] Louis Bouyer. *Le sens de la vie sacerdotale*, Paris, Cerf, 2008, cap. 7.

7,16). "Porque não falei de mim mesmo, mas foi o Pai que me enviou e me ordenou o que eu deveria dizer e dar a conhecer" (Jo 12,49). E devo obedecê-lo absolutamente, até a morte e a morte da Cruz (cf. Fl 2,8).

Um sacerdote não fala de si mesmo, de sua experiência. Ele é enviado para anunciar uma palavra da qual ele não é o autor. Sua fidelidade à palavra de Deus, transmitida pela Igreja, é a raiz de sua obediência. Não se espera que um padre seja original, mas fiel à doutrina transmitida.

É, portanto, lamentável que algumas pessoas hoje, por uma preocupação de agradar ao mundo ou de parecer que são do seu tempo, mas às vezes também para véu ou para reduzir os ex-gêneros radicais da Palavra de Deus, tendam a diluir o Evangelho, a falsificá-lo ou diluí-lo para adaptá-lo às mentalidades e ideologias ocidentais. Isto é o que São Paulo já dizia em seu tempo quando escreveu aos Coríntios: "Porque não somos como a maioria que adultera a Palavra de Deus; não, falamos em Cristo com toda a pureza, como enviados de Deus" (2Cor 2,17). Hoje existe muita ambiguidade, confusão e interpretação ideológica da Palavra de Jesus. Mesmo na Igreja, foi alcançado um nível de relativismo nunca antes alcançado. Isto novamente crucifica Cristo e arruína a mensagem do Evangelho. No entanto, Jesus não deixou dúvidas sobre a natureza radical de sua mensagem e de suas exigências. Pois Ele, Jesus, é o Caminho, a Verdade e a Vida; "Ele é o mesmo ontem, hoje, e eternamente" (Hb 13,8). O que ele exigia então, ele exige tanto hoje. Seu Evangelho não muda com o mundo. Pelo contrário, torna-se mais radical à medida que nos leva à realização perfeita da obra de salvação, à "criação do novo homem, que foi criado segundo Deus, em justiça e santidade na verdade" (Ef 4,24).

Desde os primórdios do cristianismo, há escolhas que não podem ser evitadas. "Ninguém pode servir a dois senhores, ou ele vai odiar um e amar o outro, ou ele vai se apegar a um e desprezar o outro. Não se pode servir a Deus e ao dinheiro" (Mt 6,24; Lc 16,13). Ou seguimos Jesus, ou optamos por nos conformar com o mundo.

A história da Igreja é marcada pelo testemunho de uma multidão de cristãos que preferiram dizer "não", mesmo à custa de suas vidas, em vez de perder o tesouro que haviam descoberto em Jesus (Mt 13,44). Também em nosso século, esta liberdade soberana que a fé em Jesus Cristo dá levou os cristãos a resistir vitoriosamente às novas ideologias que estão demolindo o homem, a família e nossas sociedades.

Muitas pessoas de nosso tempo ficam tensas assim que falamos de verdade e nos referimos a uma verdade objetiva universal que está fora de nós, que vai além de nós e se impõe a nós. Eles vêem isto como dogmatismo, fundamentalismo e intolerância, e como contrário à ciência. Eles se recusam a reconhecer a realidade soberana de Deus. Contudo, a Palavra de Deus é a única luz que revela a verdade do mundo. Há também muita ênfase em sobre a mudança cultural. Fala-se de uma nova ética global, de mudanças de paradigma. O ensino doutrinário e moral e as disciplinas da Igreja também devem mudar? Algumas coisas mudam, mas algumas coisas permanecem firmes. O que avança são os instrumentos tecnológicos. Mas o homem continua o mesmo. Nossos contemporâneos vivem em um novo contexto. Alguns gostam de novas instalações, outros experimentam novas dificuldades na vida. Mas no homem de hoje existe o mesmo fundo de bondade, solidariedade fraterna, generosidade e aspiração à liberdade e felicidade, e o mesmo fundo de malícia, perversão, ganância, maldade, brutalidade, concupiscência e tendência à idolatria que o homem fez há mil anos, tão profunda e ontologicamente marcado foi o pecado original. Eu sou absolutamente semelhante a Adão e Eva. A única diferença entre Adam e eu é que hoje eu tenho um telefone celular e um carro. Mas esta diferença é superficial. No fundo, temos os mesmos vícios, as mesmas ambições, a mesma concupiscência, a mesma cobiça. E todo homem que nasce é obrigado a recomeçar os esforços morais e espirituais que seus pais ou antepassados já haviam feito. Tudo tem que ser iniciado sempre de novo. Esta é a verdade e a realidade à qual devemos ser obedientes.

Como às vezes é tentador dizer o que o mundo gostaria de ouvir! Como é tentador para edulcorar a Palavra de Deus, que é forte demais para nossas mentes enfraquecidas! E ainda assim, nossa obediência tem suas exigências e é o compromisso de nosso amor pelas almas. Quem seríamos nós se lhes ensinássemos uma doutrina adaptada e suavizada? Nós seríamos falsificadores. Estaríamos conduzindo almas por caminhos que não levam a lugar nenhum. Nossa obediência garante nosso amor até o fim.

E quanto à pobreza? Falamos muito sobre isso e praticamos tão pouco! Que sofrimento é ver que, em muitas partes do mundo, os padres se comportam como notáveis, como pequenos burgueses. Eles exibem sinais de riqueza:

muito dinheiro, viagens, férias anuais, um carro, uma casa, um computador. É claro que os bens materiais podem e devem ser usados para anunciar o Reino de Deus. Mas se um padre é outro Cristo, então ele é um homem pobre! Não há nada para discutir.

"As raposas têm suas tocas e as aves têm seus ninhos, mas o Filho do Homem não tem onde reclinar a cabeça" (Mt 8,20; Lc 9,58). Um padre que não tem nada, que tem todo o conforto, todas as garantias terrenas de uma vida tranquila, dificilmente pode pretender imitar Jesus, representá-lo e ser sua extensão nesta terra. Como ele poderia configurar-se, conformar-se e identificar-se com Jesus Cristo? A pobreza é essencial para o cristianismo. É um valor evangélico. No entanto, existem organizações católicas cuja agenda é erradicar a pobreza com o péssimo *slogan* "Pobreza Zero". Mas erradicar a pobreza é erradicar o Evangelho e os conselhos evangélicos. Certamente, devemos trabalhar duro para erradicar a miséria, a extrema pobreza causada pela ganância humana e pelo egoísmo. Mas não esqueçamos a primeira bem-aventurança: "Bem-aventurados os pobres de espírito, porque deles é o reino dos céus" (Mt 5,3).

Que vigilância, sabedoria e prudência os bispos e sacerdotes devem cultivar constantemente, permitindo-se serem ensinados e instruídos por Jesus Cristo! "Não são especialmente nossos problemas econômicos e sociais que nos desafiam. É o Deus dos Patriarcas, dos Profetas e de Jesus Cristo que nos desafia, que nos coloca diante de questões radicais sobre o valor e o significado de nossas vidas. Enquanto nos deixarmos questionar apenas pelas pessoas, tropeçamos, andamos em círculos e damos a impressão de não termos certezas. Deus vem para nos elevar para outro plano, o da Transcendência. Ele não pode fazer propostas que correm o risco de nos enganar. Se colocarmos as bem-aventuranças do Evangelho no mesmo nível das exigências dos trabalhadores ou das exigências sociais que emergem dos laboratórios marxistas ou do humanismo secular, eles só podem desencantar aqueles que fogem da pobreza, enquanto Cristo nos apresenta a pobreza como uma fonte de felicidade. [...]

Admitir isto é fácil quando se vive livre de riscos e da miséria total. Mas quando estamos sujeitos à restrição diária da insegurança e somos vítimas de situações graves de injustiça, pode parecer estranho que alguém venha até nós acima de tudo uma chamada para a Transcendência. Entre os deveres do cristianismo e da Igreja, o primeiro e mais sagrado não é dizer coisas que agradam, mas manter a pureza da mensagem, que não é a salvação do homem pelo homem, mas a salvação do homem por Deus"[14].

É hora de tomar os meios de uma verdadeira pobreza sacerdotal. Não devemos ter medo de olhar para a experiência das comunidades religiosas para viver concretamente a sobriedade e a partilha de bens. Se não dependemos de outro, ou da comunidade para nossa vida, não podemos abraçar plenamente o mistério de Cristo sacerdote. A autonomia financeira e a segurança material nos distanciam daquele que não tinha nem mesmo uma pedra para colocar a cabeça.

---

[14] *Monde chrétien et monde moderne*, *Esprit*, 1960, citado por Leon Arthur Elchinger. *Je plaide pour l'homme*. Paris, Fayard, 1976.

Caros irmãos padres, afastemo-nos do mundo, de sua imundície, de sua luxúria, de suas orgulhosas pretensões, e mantenhamos nossos olhos fixos em Cristo. Vamos contemplá-Lo e tentar imitá-Lo. Ele vem até nós sem pompa, grandeza ou majestade, vestido como os pobres em sua humildade. Que ele seja nosso único paradigma, nosso único caminho a seguir.

Bento XVI quis nos lembrar disso em *Do profundo de nosso coração*. Poucas pessoas notaram as exigências destas palavras. Ele estava lançando as bases para uma verdadeira reforma do clero. Será que ousamos ouvi-lo? Sei o quanto o Papa Francisco era sensível a estas palavras que ele pode ler no exemplar com dedicatória que o Papa emérito lhe havia enviado: "O fundamental do sacerdócio é que ele é semelhante à situação do levita, que não tem uma terra, mas é projetado em Deus. O relato da vocação em Lc 5,1-11 termina com estas palavras: 'Eles deixaram tudo e o seguiram' (Lc 5,11). Sem a renúncia de bens materiais, não pode haver sacerdócio. O chamado para seguir Jesus não é possível sem este sinal de liberdade e renúncia a todo compromisso. Acredito que o celibato tem um grande significado como o abandono de um possível domínio terreno e de um círculo de vida familiar; o celibato torna-se até mesmo verdadeiramente indispensável para que nossa caminhada em direção a Deus possa permanecer o fundamento de nossa vida e ser expressa concretamente. Isto significa, é claro, que o celibato deve permear todas as atitudes da vida com suas exigências. Ela não pode atingir seu pleno significado se nos conformarmos às regras da propriedade e às atitudes da vida comumente praticadas hoje em dia. Não pode haver estabilidade se não fizermos de nossa união com Deus o centro de nossas vidas.

Tanto Salmo 16 quanto o Salmo 119 são poderosos lembretes da necessidade de meditação na qual verdadeiramente fazemos nossa a Palavra de Deus, meditação que só por si pode nos permitir habitar nessa Palavra. O aspecto comunitário da piedade litúrgica está necessariamente ligado à meditação. Este aspecto vem à tona quando o Salmo 16 fala do Senhor chamando-o de 'meu cálice' (v. 5). Na linguagem usual do Antigo Testamento, esta expressão refere-se ou ao cálice festivo que era passado de mão em mão durante a refeição culta, ou ao cálice fatal, o cálice da cólera ou da salvação. O sacerdote do Novo Testamento, quando ele reza, pode especialmente reconhecer nele o cálice pelo qual o Senhor se tornou nosso amigo no sentido mais profundo; é o cálice da Eucaristia, no qual o próprio Senhor tem uma parte, pois ele é nossa vida.

A vida sacerdotal na presença de Deus é assim concretizada de forma existencial pelo mistério eucarístico. Entendida em seu sentido mais profundo, a Eucaristia é nossa terra, ela se tornou nossa porção, aquela da qual podemos dizer (v. 6): 'sois minha herança e minha taça, meu destino está seguro em vossas mãos'[15].[16]".

---

[15] Joseph Ratzinger. *Le Ressuscité*. Paris, Desclée de Brouwer, 1986, p. 174-175.
[16] Bento XVI e Cardeal Robert Sarah. *Do profundo de nosso coração* [*Des profondeurs de nos cœurs*, p. 54-56].

IX
REENCONTRAR SEU LUGAR
A partir de uma meditação de Georges Bernanos

INTRODUÇÃO

Gostaria de incluir nesta coletânea de meditações este texto de um leigo e romancista francês do século XX: o *Diário de um pároco de aldeia* de Georges Bernanos. Nele, o autor conta algumas verdades essenciais sobre o sacerdócio. Nele um padre jovem, um pouco perdido e vacilante, conversa com um padre velho cheio de experiência, o padre de Torcy. Este último afirma algumas verdades duras para seu jovem confrade: "Tu não rezas o suficiente. Sofres demais em comparação com o que rezas. [...] É preciso seres nutrido em proporção ao teu cansaço, e a oração deve ser proporcional ao teu sofrimento". Esta frase é experimental. Quanto mais sofremos, mais vital é a oração. Por que isto é assim? Porque a oração nos reconduz "ao nosso lugar no Evangelho". Essa é nossa vocação: somos chamados a unir-nos a Jesus em algum lugar do Evangelho. Há um lugar onde o conhecemos, onde seu olhar caiu sobre nós. O sacerdote deve com frequência reencontrar, por meio da oração, seu lugar. Ele deve recolocar, sob o olhar de Cristo. Isto é uma imagem? Talvez seja. Mas é também uma realidade espiritual. Nossa vocação individual abre um lugar para nós com Jesus. Devemos encontrar um olhar inocente como o de Maria neste lugar. "O olhar da Virgem é o único olhar verdadeiramente infantil, o único olhar verdadeiro de criança que jamais foi lançado sobre nossa vergonha e nosso infortúnio". Bernanos soube detectar o que há de mais íntimo na relação entre um padre e a Virgem Maria. Por que Maria tem uma proximidade tão especial com os padres? Porque ela é a mãe do primeiro deles, e mais do que sua mãe, sua cooperadora no trabalho sacerdotal de salvação. Somente ela resume todo o aspecto interior e espiritual da oferta sacerdotal de Cristo para o mundo. O que é chamado de sacerdócio batismal é, por assim dizer, resumido e sublimado nela. O sacerdote participa deste sacerdócio real, que consiste em oferecer seu amor em união com Cristo em oração. Ele também precisa senti-lo. Na verdade, ele só está lá para servi-lo e despertá-lo nos fiéis. Ele faz isso especialmente em oração.

"Tu não rezas o suficiente!" censura o pároco de Torcy. É certo que os sacerdotes mais velhos e mais experientes têm o dever sagrado de iniciar e acompanhar fraternalmente os jovens sacerdotes em seu ministério sacerdotal, ensinando, aconselhando e especialmente dando o exemplo. Entretanto, quer tenhamos uma longa experiência de sacerdócio ou sejamos jovens sacerdotes, nunca devemos insistir o bastante acerca do lugar central da oração em nossa vida. A oração do padre pretende continuar para a

Igreja a oração de Jesus no Getsêmani. A oração do sacerdote é continuar pela Igreja a oração de Jesus no Getsêmani. Toda sua vida e todas as suas atividades têm como objetivo cumprir esta função sacerdotal essencial de Cristo. Que possamos compreender cada dia mais e mais que a oração do sacerdote é a primeira forma de apostolado e o objetivo principal de toda vocação sacerdotal.

Basta olhar para a vida de Jesus que, durante trinta anos em Nazaré, no silêncio de seu humilde e obscuro trabalho como carpinteiro, escutava Deus Pai e rezava no segredo de seu coração, ou na companhia de José e da Virgem Maria, sua Mãe. E antes de iniciar seu ministério público de evangelização, Jesus se retirou para a solidão e o silêncio do deserto para ficar face a face com Deus Pai, para orar e fazer penitência por quarenta dias e quarenta noites. Durante sua vida pública, muitas vezes ele levava tempo para ir, sozinho ou com seus discípulos, a um lugar isolado ou "às montanhas para orar e passava a noite inteira orando a Deus" (cf. Lc 6,12).

E em sua última noite, antes de sua morte na cruz, ele foi, como era seu costume, para o jardim do Getsêmani. Aquele que é a própria pureza, "o Santo de Deus", entrega-se aos tormentos do pecado para cumprir a vontade de seu Pai, "que quer que todos os homens sejam salvos e cheguem ao conhecimento da verdade" (cf. 1Tm 2,4). Ajoelhado e prostrado no chão sob o peso do pecado do mundo, ele nos livra dele, orando dolorosamente e com mais insistência até "seu suor se tornar como espessas gotas de sangue caindo no chão" (Lc 22,44).

Georges Bernanos, *Diário de um pároco de aldeia*. Conselhos de um velho pároco de Torcy a seu jovem confrade

[...] E quanto à vida interior, meu amigo, temo que seja a mesma coisa. Não rezas o suficiente. Sofres demais pelo que rezas, essa é a minha ideia. A pessoa deve ser nutrida em proporção ao seu trabalho, e a oração deve ser proporcional às suas tristezas.

— É que... eu não posso... Eu não posso, chorei.

E lamentei imediatamente a admissão, pois seus olhos se tornaram opacos.

"Se não podes rezar, diga novamente! Veja, eu também já tive minhas cruzes! O diabo inspirou em mim tal horror à oração que eu costumava suar profusamente para rezar meu rosário, sabia? Tente entender!

— Oh, eu entendo! respondi, e com tanto entusiasmo que ele me examinou longamente, da cabeça aos pés, mas sem malícia, pelo contrário...

— Escute, disse ele, "Eu não acho que estava errado a seu respeito. Tente responder à pergunta que lhe vou fazer. Oh, eu lhe faço meu pequeno teste, é apenas uma ideia minha, uma forma de me reconhecer, e isso me colocou de volta a ele mais de uma vez, naturalmente. Em resumo, pensei muito sobre vocação. Somos todos chamados, sim, mas não da mesma forma. E para simplificar as coisas, começo por tentar colocar cada um de nós em seu verdadeiro lugar no Evangelho. Oh, claro, isso nos torna dois mil anos mais jovens, e depois o quê! O tempo não é nada para o bom Deus, seu olhar passa direto por ele. Digo a mim mesmo que muito antes de nascermos — para usar linguagem humana — nosso Senhor nos encontrou em algum lugar, em Belém, em Nazaré, nas estradas da Galileia, o que sei eu? Um dia entre dias, seus olhos estavam fixos em nós, e de acordo com o lugar, o tempo, as circunstâncias, nossa vocação assumiu seu próprio caráter particular. Oh, eu não estou lhe dizendo isso pela teologia! Penso, imagino, sonho, que se nossa alma, que não esqueceu, que sempre se lembra, pudesse arrastar nosso pobre corpo de século em século, fazê-lo subir esta enorme encosta de dois mil anos, ele o levaria diretamente a este mesmo lugar onde... O quê? Qual é o seu problema? Eu não percebi que estava chorando, não pensei sobre isso. "Por que estás chorando? A verdade é que sempre me encontrei no Jardim das Oliveiras, e naquele momento — sim, é estranho, naquele preciso momento em que ele coloca a mão no ombro de Pedro e pergunta — bastante inútil de fato, quase ingênuo — mas tão cortês, tão terno: "Estás dormindo? Era um movimento muito familiar, muito natural da alma, eu não tinha notado até então, e de repente... Qual é o teu problema?" repetiu impacientemente o pároco de Torcy. Mas não estás nem me ouvindo, estás sonhando. Meu amigo, o que quer rezar, não deve sonhar. Sua oração flui em um sonho. Não há nada mais grave para a alma do que esta hemorragia! Eu abri minha boca, eu ia responder, mas não consegui. Que pena! Não é suficiente que Nosso Senhor me tenha dado esta graça para me revelar hoje, pela boca do meu velho mestre, que nada me colocaria na posição escolhida para mim desde toda eternidade, que eu era prisioneiro da Santa Agonia? Quem ousaria reclamar tal graça, que nada me afastaria do lugar escolhido para mim de toda a eternidade, que eu era prisioneiro da Santa Agonia? Quem se atreveria a reclamar tal graça? Limpei os olhos e assoei meu nariz de modo tão desajeitado que o padre sorriu. [...]

  Trabalhar, disse ele, fazer pequenas coisas, esperar, dia após dia. Aplicar-se bem. Lembre-se de que o estudante se dobrou sobre sua página de escrita, pondo a língua de fora. É assim que o bom Deus quer que sejamos quando nos deixa entregues a nós mesmos. Pequenas coisas não parecem nada, mas elas dão paz. É como as flores do campo, vês. Pensamos que elas não têm cheiro, mas, todas juntas, têm odor. A oração de pequenas coisas é inocente. Em cada pequena coisa há um Anjo. Oras aos Anjos?

— Meu Deus, sim... é claro que sim.

— Não oramos o suficiente aos Anjos. Eles assustam um pouco os teólogos, por causa daquelas velhas heresias das Igrejas Orientais, um medo ansioso, como sabes! O mundo está cheio de Anjos. E a Santíssima Virgem, oras à Santíssima Virgem?

— Por exemplo!

— Dizem que... só oras a ela como deveria, oras bem a ela? Ela é nossa mãe, isso se entende. Ela é a mãe da raça humana, a nova Eva. Mas ela é também sua filha. O velho mundo, o mundo doloroso, o mundo antes da graça, a embalou por muito tempo em seu coração desolado — séculos e séculos — na obscura e incompreensível expectativa de uma virgo genitrix... Séculos e séculos ele protegeu com suas velhas mãos cheias de crime, suas mãos pesadas, a maravilhosa menina cujo nome ele nem sequer conhecia. Uma menina, esta Rainha dos Anjos! E ela permaneceu assim, não se esqueça disso! A Idade Média entendeu isso, a Idade Média compreendeu tudo. Mas vá e impeça os tolos de refazer o "drama da Encarnação" à sua própria maneira, como eles dizem! Embora acreditem que, em nome do prestígio, deveriam vestir os modestos juízes de paz como palhaços, ou costurar tiras nas mangas dos inspetores ferroviários, seria uma vergonha demais para eles admitir aos incrédulos que aquele, o único drama, o drama dos dramas — pois não há outro — foi representado sem cenário e sem enfeites. Basta pensar! A Palavra se tornou carne, e os jornalistas daquela época nada sabiam sobre ela! E, no entanto, a experiência diária lhes ensina que a verdadeira grandeza, mesmo a grandeza humana, o gênio, o heroísmo, até mesmo o amor — seu pobre amor —

para reconhecê-los, é o diabo! Tanto que noventa e nove em cem vezes vão ao cemitério com suas flores retóricas, vão apenas aos mortos. A santidade de Deus! A simplicidade de Deus, a assustadora simplicidade de Deus que amaldiçoou o orgulho dos Anjos! Sim, o diabo deve ter tentado olhar na cara, e a grande tocha flamejante no topo da criação caiu em um único tiro na noite. O povo judeu tinha uma cabeça dura, caso contrário eles teriam percebido que um Deus fez o homem, percebendo a perfeição do homem, arriscou passar despercebido, que eles tinham que manter seus olhos abertos. E de fato, acho este episódio da entrada triunfal em Jerusalém tão bonito! Nosso Senhor se dignou a saborear o triunfo, assim como o resto, assim como a morte; ele não recusou nada de nossas alegrias, ele recusou apenas o pecado. Mas sua morte, minha senhora, ele cuidou disso, nada está faltando. Ao invés de seu triunfo, é um triunfo para as crianças, não acha? Uma foto do Epinal, com o burrinho, os galhos verdes e o povo do campo batendo palmas. Uma espécie de paródia um pouco irônica da magnificência imperial. Nosso Senhor parece sorrir — Nosso Senhor sorri frequentemente — ele nos diz: "Não leve este tipo de coisas muito a sério, mas há triunfos legítimos, não é proibido triunfar, quando Joana D'Arc retorna a Orleans, sob as flores e os estandartes, com seu belo capacete de pano dourado, não quero que ela pense que está fazendo mal. Já que estais tão interessados nisso, meus pobres filhos, eu o santifiquei, seu triunfo, eu o abençoei, como abençoei o vinho de seus vinhedos. E para os milagres, note bem, é a mesma coisa. Ele não faz mais do que é necessário. Os milagres são as imagens do livro, as belas imagens! Mas repare agora, pequena: a Santíssima Virgem não tinha triunfos, não tinha milagres. Seu filho não permitiu que a glória humana a tocasse, mesmo com a ponta mais fina de sua grande asa selvagem. Ninguém viveu, sofreu ou morreu de forma tão simples e em tão profunda ignorância de sua própria dignidade, uma dignidade que, no entanto, a coloca acima dos Anjos. Pois ela nasceu sem pecado, que solidão espantosa! Uma fonte tão pura, tão clara, tão clara e tão pura, que ela não podia nem mesmo ver sua própria imagem refletida nela, feita para a única alegria do Pai — oh santa solidão! Os antigos demônios familiares ao homem, senhores e servos juntos, os terríveis patriarcas que guiaram os primeiros passos de Adão no limiar do mundo amaldiçoado, Inveja e Orgulho, os vês olhando de longe para esta criatura milagrosa colocada além de seu alcance, invulnerável e desarmada. É verdade que nossa pobre espécie não vale muito, mas a infância sempre move suas entranhas, a ignorância dos pequenos faz com que ela diminua olhos que já viram tanto! Mas, afinal de contas, isso é apenas ignorância. A Virgem era a Inocência. Percebes o que nós, o gênero humano, somos para ela? Oh, é claro que ela odeia o pecado, mas não tem experiência disso, a experiência que os maiores santos, o próprio santo de Assis, por mais seráfico que ele seja, tiveram. O olhar de Nossa Senhora é o único olhar verdadeiramente infantil, o único verdadeiro olhar infantil que já foi lançado sobre nossa vergonha e nosso infortúnio. Sim, minha pequenina, para rezar a ela corretamente, devemos sentir aquele olhar sobre nós que não é bem o de indulgência — pois a indulgência não é sem alguma experiência amarga — mas de compaixão terna, de surpresa dolorosa, de algum outro sentimento, inconcebível, inexprimível, que a torna mais jovem que o pecado, mais jovem que a raça da qual ela nasceu, e embora ela seja uma Mãe por graça, a Mãe das Graças, a criança mais nova da raça humana"[1].

■ MEDITAÇÃO

O sacerdócio é uma graça inaudita que nos vem de Deus. O sacerdócio não é, portanto, uma espécie de emanação da comunidade dos fiéis, como muitos parecem

---

[1] Georges Bernanos. *Le Journal d'un curé de campagne.* Paris, Plon, 1936.

imaginar. Estamos pensando em particular na crise da doutrina do sacerdócio que surgiu na esteira da Reforma Protestante. O objetivo era que o sacerdote fosse reduzido a um mero representante da comunidade. A diferença essencial entre o sacerdócio ordenado e o sacerdócio comum dos fiéis foi buscada para ser eliminada. Estamos pensando também na crise espiritual e existencial que ocorreu na segunda metade do século XX, que atingiu seu auge cronológico após o Concílio Vaticano II — mas certamente não por causa do Concílio — e da qual ainda hoje estamos sofrendo. Para poder enfrentar esta situação de crise, é necessário recordar os fundamentos teológicos e dogmáticos do sacerdócio católico, dos quais se seguem imediatamente as conseqüências e implicações espirituais e pastorais. Não haverá saída para a crise do sacerdócio e, mais geralmente, para a crise de fé que caracteriza e ultrapassa nosso tempo, se os fundamentos e bases dogmáticas e espirituais da fé e do sacerdócio católicos não forem lembrados e colocados no centro da vida e da ação da Igreja.

Nesta perspectiva, um primeiro passo fundamental é a afirmação de que após a Encarnação e Redenção a relação entre Deus e o homem não é mais apenas aquela entre as criaturas e o Criador, mas entre os filhos adotivos e Deus Pai, passando assim da ordem natural da criação para a ordem sobrenatural. Uma consequência direta desta extraordinária elevação é também a elevação do sacerdócio católico, que só pode ser entendida em clara referência à ordem sobrenatural da graça. É agora uma participação no Sacerdócio eterno de Cristo. Ele é o único verdadeiro Sacerdote perfeito que oferece culto perfeito ao

Pai pelo único Sacrifício expiatório oferecido no altar da cruz. Aqueles que recebem a ordenação sacerdotal são sacerdotes somente pela participação no sacerdócio de Cristo, Cabeça e Esposa da Igreja. Eles são sempre enviados, a quem Cristo Jesus comunicou e confiou sua própria missão. Na verdade, Jesus estabeleceu uma igualdade suprema entre Ele e eles. "Em verdade, em verdade vos digo: quem acolhe aquele que enviei, a mim acolhe; e quem me acolhe, acolhe aquele que me enviou" (Jo 13,20). No entanto, esta analogia com Cristo não é de modo algum obra do próprio sacerdote, não se deve a seus próprios méritos. Os sacerdotes têm o poder sagrado (*sacra potestas*) de comunicar a graça da qual só Jesus é a fonte e do que Ele transmite: o poder de perdoar os pecados que só Ele pode perdoar; de oferecer a Deus o culto que só Ele pode oferecer. Se é verdade que todo cristão realiza, com a ajuda da graça, tudo o que é possível para ele e para o qual é competente em virtude do Batismo e da Confirmação, o sacerdote e somente o sacerdote, pela ordenação sacerdotal, se torna capaz de fazer o que é, por si mesmo, radicalmente incapaz de fazer.

Portanto, o sacerdócio é uma graça e um poder sagrado recebido de Cristo. Somente Jesus Cristo pode fazer no padre o que o padre faz todos os dias na Igreja. O sacerdote que consagra e oferece o sacrifício não é, portanto, o mero representante ou porta-voz daqueles que comparecem e participam, em certa medida, da celebração do Mistério. Ele também faz isso em certas ações, "mesmo nas ações litúrgicas, pois a liturgia comporta em sua totalidade [sic] uma dimensão de culto que se eleva dos homens para Deus; mas nas ações propriamente sacramentais da liturgia, e especialmente na consagração dos dons eucarísticos, é antes de tudo o culto ao Senhor que o sacerdote celebra. É antes de tudo de Jesus Cristo que ele é o ministro e representante sacramental; ele celebra, diz a teologia, *in persona Christi*"[2].

Assim, quando celebramos o Santo Sacrifício da Missa, a grande oração cristã, é *"in persona Christi"* que consagramos o pão e o vinho, depois de termos entregue a ele nosso corpo, nossa voz e nosso coração, tantas vezes sujos por nossos muitos pecados, que lhe pedimos que purifique. Na véspera de cada uma de nossas celebrações eucarísticas, a própria Virgem Maria nos prepara e nos leva a nos entregarmos, de corpo e alma, a Jesus Cristo, para que o milagre da Eucaristia possa acontecer. A Cruz, a Hóstia e a Virgem Maria formam, estruturam, nutrem e fortalecem nossa vida cristã e sacerdotal. Compreendes porque todo cristão, e especialmente o padre, deve construir sua vida interior sobre estes três pilares: *Crux, Hostia* e *Virgo*. A Cruz, a Eucaristia e a Virgem.

A Cruz tornou-se verdadeiramente uma fonte de infinito bem: ela nos libertou de erros, ela dispersou nossas trevas, reconciliou-nos com Deus. Esta cruz é a destruição da inimizade, a fonte da paz, o caixão de nosso tesouro", escreve São João Crisóstomo. E Bento XVI lhe faz eco quando diz que "a Cruz não é o sinal da vitória da morte, do pecado, do mal, mas é o sinal luminoso do Amor, mesmo da imensidão do Amor de Deus, daquilo que nun-

---

[2] Y. Congar. *Structure du sacerdoce chrétien*, citado por Henri de Lubac. *Méditation sur l'Église, op. cit.*

ca poderíamos ter pedido, imaginado ou esperado": Deus se inclinou sobre nós, inclinou-se ao ponto de alcançar o canto mais escuro de nossas vidas para nos alcançar e nos atrair a Si mesmo, para nos trazer de volta a Ele. A Cruz nos fala do amor supremo de Deus e nos convida a renovar nossa fé no poder desse amor hoje, a acreditar que em cada situação de nossas vidas, na história, no mundo, Deus é capaz de vencer a morte, o pecado, o mal e de nos dar vida nova e ressuscitada. Na morte na cruz do Filho de Deus, há a semente de uma nova esperança de vida, como o grão que morre na terra"[3].

A Cruz nos dá origem à vida divina. Ao contemplá-lo, aprendemos a rezar e a perdoar. Pois do alto da cruz ouvimos Jesus orando e oferecendo-se totalmente a Deus Pai: "Pai, perdoa-lhes, pois não sabem o que fazem"; "'Pai, em tuas mãos entrego meu espírito'. Tendo dito isto, entregou o espírito" (Lc 23,34; 23,46).

A Eucaristia é a vida de nossa vida. "Sem a Eucaristia não podemos viver". O centro da Igreja e o centro da vida de cada cristão é a Eucaristia. Para celebrar a Eucaristia com dignidade, devemos cair de joelhos, prostrar-nos, adorar e deixar-nos purificar, transformar e transfigurar pelo mistério da humilhação de Deus que vem a nós, humilhando-se a si mesmo para colocar-se no nosso nível para que Ele possa elevar-nos à sua altura e santidade. Comendo seu corpo e bebendo seu sangue, Jesus nos faz tornar a nós mesmos. Ele habita em nós e nós n'Ele. Ele nos diviniza e nos faz viver com sua vida.

---

[3] Bento XVI. Palavras do Papa Bento XVI no final da *Via crucis*, 22 de abril de 2011.

A Virgem Maria vela pelo nosso crescimento espiritual, educando-nos para crescer na fé e no amor e facilitando nossa união com Deus. Maria nos leva mais facilmente a Jesus e nos ensina a amá-lo e servi-lo humildemente e com todo o coração. Maria é nosso refúgio seguro. Ela intervém mais rápida e ternamente do que qualquer outra mãe terrena para nos ajudar em nossas provas e para nos dar a ajuda apropriada.

Assim, São Luís Maria Grignion de Montfort pode afirmar em seu *Tratado da verdadeira devoção à Virgem Maria*: "Podemos realmente chegar à união com Deus por outros caminhos; mas será por muitas cruzes e mortes estranhas, e muitas outras dificuldades que só superaremos com muita dificuldade. Teremos que passar por noites escuras, por lutas, por agonias dolorosas, por montanhas íngremes, por espinhos muito picantes, e por desertos terríveis. Mas no caminho de Maria, nós caminhamos mais suave e tranquilamente. É verdade que ainda há batalhas difíceis a serem travadas e grandes dificuldades a serem superadas, mas esta boa Mãe e Professora se faz tão próxima e tão presente a seus fiéis servos para iluminá-los em suas trevas e suas dúvidas, para fortalecê-los em seus medos e suas dificuldades, que na verdade este caminho virginal para encontrar Jesus Cristo é um caminho de rosas e mel, em comparação com os outros caminhos"[4].

Georges Bernanos está certo ao escrever que "o olhar da Virgem é o único olhar verdadeiramente infantil, o único olhar verdadeiro de criança que jamais foi levantado

---

[4] São Luís Maria Grignion de Montfort, *Tratado da verdadeira devoção à Virgem Maria*, V, Art. V, § 1.

sobre nossa vergonha e nosso infortúnio. Sim, minha pequenina, para rezar bem a ela, é preciso sentir este olhar sobre si mesma, que não é bem o de indulgência — pois a indulgência não é sem alguma experiência amarga — mas de compaixão terna, de surpresa dolorosa, de algum outro sentimento, inconcebível, inexprimível, que a torna mais jovem que o pecado, mais jovem que a raça da qual ela nasceu, e embora ela seja uma Mãe por graça, a Mãe das Graças, a mais jovem da raça humana".

Esses textos de Georges Bernanos e Luís Maria Grignion de Montfort expressam magnificamente e com segurança toda a importância do recurso à Virgem Maria, nossa boa Mãe em nossas ansiedades e dificuldades, e a missão maternal e luminosa que é sua na Igreja. Como os Apóstolos no Cenáculo, coloquemo-nos sob seu manto virginal e sob o para-raios de sua intercessão diária. Que Maria obtenha para nós as graças que mais precisamos para nossa santificação e para a irradiação da Igreja. Acima de tudo, que ela obtenha para nós o amor, seu imenso amor, que lhe deu a graça de levar o Filho de Deus em seu ventre, para que possamos cumprir a missão de levar Jesus Cristo às almas. Que ela nos ensine a ser puros e castos, como ela era. Que ela nos torne fiéis à nossa vocação sacerdotal, fazendo-nos saborear toda a beleza, alegria e força de um ministério e missão vividos sem reservas, em dedicação e compromisso diário ao serviço de Deus e das almas. Que Maria nos ajude a dizer a cada momento e depois de seu exemplo a grande palavra: "*Fiat*", "sim" à vontade de Deus, mesmo quando é exigente e intransigente, mesmo quando é incompreensível e dolorosa. Sabemos que ela está ao pé de nossa cruz e nos apóia ternamente com sua oração.

Ao evocar o olhar de Maria sobre o padre, Bernanos usa a palavra "compaixão". Acredito que isto deve ser entendido em um sentido forte. Maria não só não é indiferente às alegrias e tristezas do homem que se tornou padre, mas, mais profundamente, ela sofre com ele, ela entra na paixão com ele, assim como ela acompanhou Cristo no Calvário. Sua maternidade é ali revelada em sua plenitude. Foi na cruz que São João, o apóstolo sacerdote, recebeu Maria como sua mãe. Ela nos encoraja a cada momento a viver plenamente nosso sacerdócio. Ela nos levanta quando nós caímos e repetidamente nos dizem: "Vá mais alto, atreve-te a ir ao Gólgota. É lá que as almas são salvas. É aí que Jesus, meu filho, o eterno sacerdote, redime o mundo".

Em um casal, muitas vezes é a mulher que presta atenção aos detalhes, aos aspectos mais humildes e ocultos. As mulheres têm um gênio para a simplicidade. Eles veem com precisão as coisas discretas, escondidas e secretas. Os homens acreditam facilmente que o importante é apenas o que é notado primeiro. A Virgem Maria instrui o padre a não negligenciar nenhum detalhe de sua vida. Ela lhe ensina que nada deve escapar de sua delicadeza sacerdotal. Ele é um padre em cada momento e em cada detalhe. Parece-me que a oração a Maria, a oração com Maria, pela recitação diária do rosário, introduz na vida do sacerdote celibatário uma presença materna necessária. Não se trata de uma questão de compensação emocional ou psicológica. Mas sabemos que a virilidade precisa ser refinada pelo contato com a sensibilidade feminina. Este contato espiritual com Maria equilibra a alma do sacerdote, aprofunda-a e refina-a. Maria é a mãe e educadora das almas sacerdotais. Ela vigia a alegria interior de seus sacerdotes todos os dias.

ically different formats.

X
SACERDOTE E HÓSTIA
A partir de uma meditação do Bem-aventurado John Henry Newman

Introdução

"Meu desejo é ser separado de tudo o que existe no mundo, ser limpo do pecado e até mesmo afastar de mim o que é inocente, se não usá-lo. Eu renuncio a toda reputação, honra, influência e poder, pois minha força e glórias estão somente em ti"[1].

Essa oração do Bem-aventurado Henry Newman revela seu coração sacerdotal. Reputação, honra, influência e poder são como armadilhas para a alma sacerdotal. São incêndios ilusórios que, como os dos antigos naufragados, atraem o navio para o recife e o fazem afundar. Como um padre pode se desprender definitivamente dessas tentações? Sua vocação o coloca cara a cara com o povo de Deus. Ele deve falar frequentemente. Às vezes cabe a ele

---
[1] John Henry Newman. *Méditations sur la doctrine chrétienne*. Genebra, Ad Solem, 2000, p. 129.

desvendar situações inextricáveis. Como não atrais reputação e influência? Como não podemos atribuir poder a nós mesmos sob o pretexto de boas intenções? A resposta de Newman é muito clara: tudo o que temos que fazer é fazer o que professamos. E o que professamos acima de tudo é a Missa. No altar, Cristo usa nossas palavras para fazer presente e atualizar seu sacrifício único. A Cruz é o sacrifício que nos reconcilia com Deus, porque o anfitrião e o sacerdote são um só corpo. Aquele que oferece é aquele que é oferecido. Quando um padre oferece o sacrifício da missa, ele o faz na primeira pessoa: "Isto é o meu corpo". Ele é sacramentalmente identificado com o Cristo que oferece, o Cristo que se oferece a si mesmo. O sacerdote no altar deve, portanto, oferecer-se também como anfitrião na cruz.

É lá, na cruz, no altar, que o padre é verdadeiramente ele mesmo. É lá que ele estica seus braços para se deixar pregar na madeira. É lá que suas mãos serão finalmente trespassadas para não reter nada, a fim de serem libertadas da tentação da ganância. Nossas mãos como padres não devem tomar, mas oferecer. O bem que fazemos não é de nossa propriedade. As almas que ajudamos não são nossas. Eles passam por nós para Deus, assim como Deus passa por nós para as almas. Nós somos apenas instrumentos. Na missa, no altar, nos damos conta disso. Experimentamos nosso nada diante da grandeza de Deus. Nós nos perdemos nele, em seu sacrifício, como a gota d'água no precioso sangue do cálice.

Se não formos à Cruz todos os dias, corremos o risco de fazer do altar o trono vaidoso e ilusório de nosso ego, de nossa glória. Na liturgia, quando um padre conversa, comenta e acrescenta palavras humanas às da Igreja, ele está mostrando que não quer ficar em segundo plano na Palavra. Ele quer que olhemos para ele, esta pequena pessoa humana, que o escutemos, que nos interessemos por ele. No altar, o padre deve querer desaparecer, ser esquecido, esconder-se nas palavras da Igreja e de Cristo. Ele deve tremer de medo e espanto diante da majestade divina, e esconder-se no manto da Igreja.

Ali, esquecido por todos, ele deixará Cristo brilhar. Então, ele estará em teu lugar. Sacerdote, lembre-se de que não serás tu mesmo até que sejas realmente um anfitrião.

Caros confrades no sacerdócio, desaparecemos dos olhos do mundo se Jesus Cristo se orgulha de nossa celebração eucarística, se nos afundamos na oração e se nossa vida está "doravante escondida com Cristo em Deus" (cf. Cl 3,3). A Missa é a oração por excelência, o ápice de nosso encontro com Nosso Senhor. No entanto, corremos o risco de que se torne para nós um mero rito frio, repetido milhares de vezes. Não, caros amigos padres! Devemos rezar na missa, em outras palavras, devemos nos comunicar com Deus, conversar intimamente com Ele, não apenas com o povo que está à nossa frente. Devemos ser capazes de vê-lo com nossos próprios olhos, de tocá-lo, de contemplar Sua presença. Que cada um de nós faça a seguinte questão: quando celebro a missa, rezo? Estou falando com Deus? Estou realmente falando com Deus? Estou olhando para ele cara a cara? Estou me permitindo ser olhado por Ele?

John Henry Newman, Meditações sobre a doutrina cristã

O Santo Sacrifício da Missa

Adoro-te, ó Senhor Deus, com a mais profunda veneração por tua Paixão e crucifixão, na expiação de nossos pecados. Sofrestes dores indescritíveis em sua alma imaculada. Fostes exposto em teu corpo inocente a tormentos ignominiosos, uma mistura de dor e humilhação. Fostes despojado e açoitado, teu corpo sagrado vibrou sob as chibatadas como árvores em uma tempestade. Assim machucado, fostes pendurado na cruz, nu, feito um espetáculo para todos, tremendo e morrendo. Qual é o significado de tudo isso, ó Deus Poderoso! Que profundidades não podemos sondar! Meu Deus, eu sei que poderias ter nos salvo somente com sua palavra, sem sofreres; mas escolheste nos redimir com seu sangue. Eu olho para ti, a vítima do Calvário, e confesso que sua morte foi uma expiação pelos pecados do mundo inteiro. Acredito que só tu poderias oferecer uma reparação meritória. Pois foi a sua natureza divina que tornou precioso o seu sofrimento. Permitiste ser pregado na madeira da Cruz e morreu para que eu não perecesse como eu merecia.

Tal sacrifício não deve ser esquecido. Não deveria, não poderia ser um mero evento na história do mundo que, uma vez passado, desperta na mente das pessoas apenas uma curiosidade anedótica. Se esta grande ação é realmente o que acreditamos ser, o que sabemos ser, ela deve, embora passada, permanecer presente, e permanecer até o fim dos tempos. Isto é o que nos ensina a reflexão cuidadosa. Quando nos é dito, Senhor, que, embora ascendido à glória, o Senhor renova e perpetua seu sacrifício até o fim dos tempos, esta notícia não só nos toca e nos alegra, como sinal de um Senhor e Salvador tão terno, mas traz consigo o pleno assentimento e simpatia de nossa razão. Embora nunca pudéssemos imaginar ou ousar imaginar uma doutrina tão maravilhosa, nós a adoramos, agora que fomos instruídos sobre ela, como estando perfeitamente de acordo com suas perfeições, assim como com a infinita compaixão que nos demonstraste. Sim, meu Senhor, deixastes o mundo, mas te ofereces todos os dias no Santo Sacrifício da Missa; não mais sofre dor e morte, mas ainda se submete a humilhações para continuar a nos conceder tuas graças e misericórdias. Todos os dias te humilhas; pois, sendo infinito, não poderias pôr um fim às tuas humilhações enquanto houvesse homens na terra pelos quais sofrestes. Assim, permaneces um Sacerdote por toda eternidade.

Meu Senhor, ofereço-me a Ti como um sacrifício de ação de graças. Morreste por mim, e eu, por minha vez, me entrego a ti. Não pertenço a mim mesmo. Tu me adquiristes; agora eu quero completar essa compra de minha livre vontade. Meu desejo é ser Renuncio a toda reputação, honra, influência e poder, pois minha força e meu elogio estão somente em ti. Renuncio a toda reputação, honra, influência e poder, pois minha força e minha glória estão somente em ti. Dai-me apenas o poder de fazer o que professo.

Livreto de orações: oração de confiança em Deus

Deus me criou para uma tarefa específica em seu serviço; Ele me deu um trabalho que só eu, e ninguém mais, posso fazer. Eu tenho uma missão — posso não conhecê-la nesta vida, mas ela me será revelada na próxima. Eu sou um elo em uma cadeia, uma conexão entre seres. Ele não me criou para nada. Eu farei o bem, farei seu trabalho; serei um pregador da verdade, embora não queira ser, no lugar que é meu, se apenas guardar seus mandamentos e servi-lo por minha vocação.

Portanto, meu Deus, eu coloco todo o meu ser em suas mãos. O que tenho no céu, e o que posso querer na terra, senão a ti? Minha carne e meu coração falham, mas Deus é o Deus do meu coração, e minha porção de herança para sempre[2].

■ Meditação

Antes de qualquer atividade, pela manhã, devemos recorrer ao Senhor nosso Criador e implorar na Presença do Altíssimo. Antes de qualquer compromisso apostólica, todas as manhãs e durante o dia, este meu pobre padre deve entrar e desaparecer no Mistério da Santa Eucaristia, celebrado com fervor e contemplado e adorado por um longo tempo. Este pequeno hospedeiro, que carrega o mundo inteiro, o universo inteiro e toda a história da humanidade, deve tornar-se o centro de nossa existência, a vida de nossa vida. Devemos nos oferecer a Deus como um sacrifício e nos transformar nesta hóstia, deixar-nos transubstanciar e nos tornar o próprio Cristo. Isto é confirmado por São Pedro Crisólogo em sua homilia sobre sacrifício espiritual: "Mas agora ouçamos a adjunção do Apóstolo: 'Eu vos conjuro a oferecerdes vossos corpos'. O Apóstolo, com este pedido, trouxe todos os homens ao cume do sacerdócio: para oferecer seus corpos. Como um sacrifício vivo. Que função sem precedentes, a do sacerdócio cristão! O homem é ele mesmo, e a vítima, e o sacerdote; o homem não tem que procurar fora o que deve sacrificar a Deus; o homem traz consigo e dentro dele o que deve oferecer por si mesmo a Deus em sacrifício; a vítima permanece a mesma, enquan-

---

[2] John Henry Newman, *op. cit.*

to o sacerdote também permanece o mesmo; a vítima que é atingida permanece viva, e o sacerdote não morre, pois deve oficiar. É um sacrifício surpreendente onde o corpo é oferecido sem que haja um corpo, onde o sangue é oferecido sem que o sangue seja derramado. "Eu vos conjuro, pela misericórdia de Deus, a oferecer vossos corpos como sacrifício vivo, santo, agradável a Deus: este é o serviço espiritual que tendes de prestar' (Rm 12,1). Meus irmãos, este sacrifício de Cristo depende do modelo que ele nos deu quando sacrificou seu corpo. para que sua vida pudesse dar vida ao mundo; e de fato ele fez de seu corpo um sacrifício vivo, pois ele vive ao ser sacrificado. [...] Foi isto que o Profeta cantou: 'Não querias uma oferenda ou um sacrifício, mas me moldastes um corpo'. Sede o sacrifício e o sacerdote de Deus. Não negligencies o presente a ti concedido pela soberania divina. Vesti o manto da santidade; afivelem-se no cinto da castidade; deixem que Cristo venha e véu sua cabeça; deixem que a cruz impressa em sua testa vos proteja sempre; ponde em vosso coração o mistério do conhecimento divino; deixai que o incenso de sua oração arda incessantemente; apoderai-vos da espada do Espírito; façam de seu coração um Altar. E assim apresentar seu corpo a Deus, oferecê-lo sem medo como um sacrifício. Deus deseja fé, não morte; ele tem sede de oração, não de sangue; ele é reconciliado pela boa vontade, não de assassinato"[3].

Devemos passar toda nossa vida como sacerdotes descobrindo este imenso tesouro do sacrifício eucarístico que Jesus nos deu para que nós mesmos nos tornemos euca-

---

[3] São Pedro Crisólogo. *Homilia sobre o sacrifício espiritual*, in: *La Liturgie des Heures*, t. 2, *op. cit.*

rísticos, e assim nos escondamos em Jesus. Somente então poderemos nos entregar à maneira de Cristo, fazendo plenamente a vontade do Pai. Tentemos imitar São Tomás de Aquino: um homem de oração e contemplação, ele sempre manteve um senso muito aguçado do primado do Absoluto de Deus em todas as coisas. Isso não o levou a perder o imenso investimento intelectual e o ensinamento dos mistérios divinos: "Sempre que ele desejava discutir, ensinar, escrever ou ditar", relata um de seus biógrafos, "ele se retirava no silêncio e no segredo da oração, e rezou, derramando lágrimas, a fim de obter uma compreensão dos mistérios divinos"[4]. São João Evangelista, grande contemplativo e místico, no momento da instituição do sacerdócio e da Eucaristia, na Última Ceia, descansou sua cabeça sobre o coração de Jesus (Jo 13,23-25). Ele também passou aos outros apenas o que tinha ouvido e visto com seus próprios olhos, o que tinha contemplado e tocado com a Palavra de Vida (1Jo 1,1-4).

De fato, com a Santa Eucaristia, um sacramento que poderia ser chamado de sacramento da generosidade divina, Deus nos concede sua graça. O próprio Deus se dá a nós, em Jesus Cristo, que está verdadeiramente e sempre presente. E isto não somente durante a Santa Missa, mas também no tabernáculo, com seu Corpo, Sangue, Alma e Divindade. De agora em diante, graças à ordenação sacerdotal, temos, por vocação, o dever de perpetuar diariamente, sozinhos ou na presença do povo de Deus, o sacrifício eucarístico, o sacrifício do dom que Jesus faz de si mesmo

---

[4] Guilherme de Tocco. *Histoire de saint Thomas d'Aquin*, tradução e edição de Claire Le Brun-Gouanvic, « Sagesse chrétienne ». Paris, Cerf, 2005.

ao Pai. E depois de tê-la adorado e contemplado, devemos dar esta Presença de amor aos fiéis para que possam ser nutridos por ela. Pela imposição das mãos, recebemos em nossas almas um caráter indelével que nos configura a Cristo-sacerdote, Cabeça do Corpo Místico. Portanto, devemos trabalhar, ou melhor, nos deixar moldar todos os dias, para que, graças ao Espírito Santo, possamos nos assemelhar perfeitamente a Cristo: "Uma semelhança semelhante àquela entre a água que flui da nascente e a água que dali vem para a ânfora. Pois é por natureza a mesma pureza que se vê em Cristo e naquele que participa de Cristo. Mas em Cristo brota da fonte, e aquele que participa de Cristo tira dessa fonte e traz em sua vida a pureza e a beleza de Cristo"[5]. Este é um mistério admirável, mas ao mesmo tempo é um mistério formidável e aterrorizante. O mistério de nosso sacerdócio deve nos encher de espanto e tremor, mas ao mesmo tempo de grande alegria.

Com o Sacramento da Ordem, pronunciando as palavras da consagração, que são as próprias palavras de Cristo, consagramos o pão e o vinho para que se tornem o Corpo e o Sangue de Cristo. Desta forma, oferecemos o Santo Sacrifício a Deus. Podemos perdoar pecados em confissão sacramental e exercemos o nobre ministério de ensinar a doutrina ao povo. Vedes, queridos irmãos, que no sacerdócio tudo o que somos, tudo o que fazemos, tudo o que dizemos ou ensinamos, não é nosso próprio. Tudo, absolutamente tudo, é um presente e uma manifestação do amor de Deus pela humanidade por meio de nos-

---

[5] Cf. São Cirilo de Jerusalem, *Catequese* 22, 3.

sa pobre e humilde pessoa e sem nenhum mérito de nossa parte. Nós somos sacerdotes para revelar o Deus de Amor que se manifestou na cruz e para realizar, pela oração, fé, conversão dos corações, amor verdadeiro e a volta do homem pecador a Deus.

Como sacerdotes, pastores e guias do povo de Deus, devemos estar constantemente preocupados em ser leais à doutrina de Cristo. Como testemunha Tertuliano, não devemos ensinar nada além do que os Apóstolos de Cristo ensinaram, que "saíram ao mundo e pregaram a mesma doutrina e a mesma fé às nações". E em cada cidade eles fundaram igrejas, das quais as outras igrejas tomaram emprestado o corte da fé e a semente do ensinamento, e o tomaram emprestado todos os dias para se tornarem igrejas propriamente ditas. E por isso também eles são considerados apostólicos, como descendentes das igrejas apostólicas"[6].

Esforcemo-nos, portanto, constantemente para adquirir a delicadeza da consciência, o respeito religioso e fiel ao dogma e à moral que constituem o depósito da fé e a herança comum da Igreja de Cristo. Este é precisamente o conselho e a exortação que São Paulo dirige a cada um de nós quando escreve a Timóteo: "... mostre-se um modelo para os crentes na fala, na conduta, na caridade, na fé e na pureza. Até chegar, dedique-se à leitura, à exortação, ao ensino. Não negligencies o dom espiritual que está em ti, que te foi conferido por uma intervenção profética acompanhada pela imposição das mãos do colégio dos presbíteros. Levai isto a sério. Sede totalmente comprometido com

---

[6] Tertuliano. Sobre a pregação apostólica, in: *La Liturgie des Heures*, t. 2, *op. cit.*

ela [...]. Cuidai de ti mesmo e de seus ensinamentos; perseverai nisto" (1Tm 4,12-16).

Se temos medo de proclamar a verdade do Evangelho, se somos intimidados e tememos as críticas e ataques do mundo secular, se temos vergonha de denunciar os graves desvios de doutrina e moral e se nos acomodamos a este mundo, então as palavras proféticas de Ezequiel cairão sobre nós como uma severa reprovação divina: "[...] Ai dos pastores de Israel que se alimentam. Os pastores não deveriam alimentar o rebanho? Alimentaram-se de leite, vestiram-se de lã, sacrificaram as ovelhas mais gordas, mas não alimentaram o rebanho. Não fortalecestes a ovelha fraca, não curou os doentes, não amarrou os feridos. Não trouxestes de volta aquela que se desviou, nem procurou aquele que estava perdido. Mas vós os governastes com violência e dureza" (Ez 34,2-4). Estas são sérias reprovações, mas ainda mais grave é a ofensa que estaríamos fazendo a Deus se, tendo recebido gratuitamente a acusação de cuidar do bem espiritual de todos, maltratássemos as almas com opiniões pessoais confusas, ambíguas e relativistas, e as privássemos da doutrina revelada por Deus e transmitida pela Igreja.

Aquele que não luta para pregar o Evangelho, para se converter, para alimentar e para conduzir o povo de Deus no caminho da verdade e da vida que Jesus mesmo é, aquele que permanece em silêncio por medo, vergonha ou respeito humano diante dos desvios mortais deste mundo, expõe-se a um ou outro daqueles escravos que sabem como encadear nossos pobres corações: a escravidão de uma visão exclusivamente humana e horizontal das coisas, a escravidão do desejo ardente de poder, reputação ou prestígio temporal, a escravidão da vaidade, a escravidão do dinheiro, a escravidão da sensualidade e da sexualidade desviante. Devemos, como John Henry Newman nos exorta, "renunciar a toda reputação, honra, influência e poder". Mas só há uma maneira que pode nos libertar dessas escravidões e nos levar a assumir plenamente nosso ministério como pastores: é o caminho do Amor. O amor é a chave para compreender Cristo, para ser como ele, para viver em comunhão com seus sofrimentos e para ser conformado com ele em sua morte. Aqueles que exercem o ministério pastoral na Igreja só podem tirar suas energias de um amor supremo por Cristo. Pastorear o rebanho é um ato de amor, e a missa é sua expressão mais elevada.

XI
O SACERDOTE: HOMEM CONSAGRADO, HOMEM DO SAGRADO
A partir de uma meditação de Bento XVI

Introdução

"Nosso ser sacerdotes, portanto, nada mais é do que uma forma nova e radical de estarmos unidos a Cristo". Substancialmente, isto nos foi dado para sempre pelo sacramento. Mas este novo selo sobre nosso ser pode se tornar para nós um julgamento de condenação se nossa vida não se desdobrar na verdade do sacramento". Naquela manhã de quinta-feira santa de 2009, durante a missa da crisma, a voz frágil e ligeiramente trêmula de Bento XVI ressoou com força inigualável na Basílica de São Pedro. Em poucas palavras, o Papa tinha acabado de resumir o coração do mistério em que viviam todos aqueles homens reunidos ao redor do altar do sacrifício eucarístico, alguns dos quais ainda não tinham trinta anos de idade e outros que se aproximavam da morte. Foi um momento de graça. Bento XVI abriu seu coração. Por trás da grande modéstia do homem delicado, o mistério de sua alma resplandeceu.

O que ele nos dizia? O sacerdote é radicalmente consagrado, inteiramente imerso na intimidade de Deus. Somos realmente consagrados a Deus? Geralmente, esta palavra é reservada a homens e mulheres religiosos. No entanto, Bento XVI deixou bem claro: o sacerdote é retirado da esfera profana, da esfera comum, para ser dado a Deus, para ser oferecido como um sacrifício a Deus. Ser consagrado, então, significa ser retirado do mundo, ser retirado do contexto da vida do mundo para ser doado absolutamente a Deus. Significa ser separado para representar outros perante Ele. Não por mérito ou qualidades excepcionais, mas por vocação, por um chamado pessoal de Deus. Todo padre ouviu este chamado no fundo de sua alma. E a voz de Deus nos convidou a deixar o mundo e a nós mesmos, para que não pertencêssemos mais a nós mesmos, mas que fôssemos totalmente d'Ele. Deus estava claramente nos fazendo estas perguntas: Queres pertencer completamente a mim? Queres ser meu sacerdote? Queres ser oferecido como eu sou oferecido? É bom para todo sacerdote recordar aqueles momentos em que encontramos o olhar de Cristo sobre nós. E tu, também queres ser só meu? Nós dissemos sim, e nossa resposta é como um eco do sim de Jesus ao Pai. "Consagrai-os na verdade", disse Jesus. Cristo pede por seus discípulos e por cada um de nós a verdadeira santificação, que transforma nosso ser e nos transforma nas profundezas de nosso ser; ele pede que isso não permaneça puramente ritualístico, mas seja uma verdadeira apropriação por parte do próprio Deus da totalidade de nossa pessoa. Acima de tudo, ele quer que esta transformação ocorra em nós dia após dia, que seja traduzida em vida concreta e que sua Presença seja visível e radiante em nós. Que possamos ver Cristo quando o vemos, ouvi-lo quando o ouvimos, e sentir aquele poder sagrado, aquela efusão física que saia de Jesus e realizava curas (cf. Mc 5,30).

O que em nós é sagrado não é nossa pobre pessoa humana, é nossa identificação com Cristo, é aquele "sim" pronunciado n'Ele. Somos consagrados, ou seja, oferecidos a Deus. Gosto de meditar sobre as cartas de João Paulo II aos sacerdotes, e especialmente sobre a carta *Dominicae Cenae* da Quinta-feira Santa de 1980:

"O '*Sacrum*' da Missa não é, portanto, uma 'sacralização', ou seja, uma adição do homem à ação de Cristo no Cenáculo, pois a Última Ceia da Quinta-feira Santa foi um rito sagrado, uma liturgia primária e constitutiva pela qual Cristo, ao comprometer-se a dar sua vida por nós, celebrado de modo sacramental, Ele mesmo, o mistério de sua paixão e ressurreição, o coração de cada missa. Derivadas desta liturgia, nossas missas são inerentemente uma forma litúrgica completa que, embora diversificada de acordo com as famílias rituais, permanece substancialmente idêntica. O '*Sacrum*' da Missa é uma sacralidade instituída pelo próprio Jesus Cristo. As palavras e ações de cada sacerdote, às quais corresponde a participação consciente e ativa de toda a assembléia eucarística, ecoam as da Quinta-feira Santa.

"O sacerdote oferece o Santo Sacrifício '*in persona Christi*', que significa mais do que 'em nome' ou 'no lugar' de Cristo. '*In persona*': isto é, na identificação específica, sacramental com o 'sumo sacerdote do Pacto eterno'[1], que é o autor e principal sujeito de seu próprio sacrifício, no qual ele não pode realmente ser substituído por ninguém. Só Ele — só Cristo — poderia e pode ser sempre uma verdadeira e eficaz 'propiciação por nossos pecados [...] e também para os do mundo inteiro'. Somente seu sacrifício — e não o de outro — poderia e pode ter 'virtude propiciatória' diante de Deus, diante da Trindade, diante de sua santidade transcendente. A consciência desta realidade lança alguma luz sobre o caráter e o significado do sacerdote celebrante que, ao realizar o Santo Sacrifício e agir *'in persona Christi'*, é introduzido e inserido de forma sacramental (e ao mesmo tempo inefável) no próprio coração daquele *'Sacrum'* no qual, por sua vez, ele associa espiritualmente todos aqueles que participam da assembleia eucarística.

"Este *'Sacrum'*, traduzido em várias formas litúrgicas, pode carecer de algum elemento secundário, mas de forma alguma pode ser privado de sua sacralidade e sacramentalidade, que são essenciais porque foram queridos por Cristo e transmitidos e controlados pela Igreja. O *'Sacrum'* também não pode ser desviado para servir a outros propósitos. O mistério eucarístico, se separado de sua natureza sacrificial e sacramental, simplesmente deixa de ser tal. Não admite nenhuma imitação 'profana', que se tornaria muito facilmente (mesmo que não seja uma regra absoluta) uma profanação. Isto deve ser sempre lembrado, especialmente talvez em nosso tempo, quando há uma tendência a desfazer a distinção entre *'Sacrum'* e *'profanum'*, dada a tendência geral (pelo menos em alguns lugares) de desacreditar tudo.

---

[1] Coleta da missa votiva do Santíssimo Sacramento B, *Missale romanum*.

XI O SACERDOTE: HOMEM CONSAGRADO, HOMEM DO SAGRADO

"A sacralidade da Eucaristia encontrou e ainda encontra expressão na terminologia teológica e litúrgica"[2]. O sentido da santidade objetiva do mistério eucarístico é tão constitutivo da fé do Povo de Deus que foi enriquecido e fortalecido por ele. Os ministros da Eucaristia devem, portanto, especialmente em nossos dias, ser iluminados pela plenitude desta fé viva e, à luz desta, devem compreender e realizar tudo o que faz parte de seu ministério sacerdotal, pela vontade de Cristo e de sua Igreja".

O sacerdote é consagrado, ele é o homem do sagrado, porque ele pertence a Deus. Alguns interpretaram mal esta realidade. Eles concluíram que qualquer ato realizado por um padre também seria automaticamente bom. No entanto, sabemos que somos capazes de pecar. A santidade do sacerdote não o torna inacessível à tentação e ao mal. Ele não é imune. Pelo contrário, toda vez que ele cai em pecado, sua culpa é como um "sacrilégio", ele profana sua pertença a Cristo. Seu pecado é mais grave, mais escandaloso, mais incompreensível.

Sabemos que pelo sacramento pertencemos substancialmente a Cristo, mas cabe a nós todos os dias fazer com que essa pertença aconteça em nossas vidas por meio do combate espiritual.

---

[2] Falamos de *"divinum mysterium"*, de *"sanctissimum"* ou de *"sacrosanctum"*, isto é, do "sagrado" e do "santo" por excelência. As Igrejas orientais, por sua vez, chamam a missa de *"raza"*, isto é, *"myterion"*, *"hagiasmos"*, *"quddasha"*, *"qedasse"*, isto é, a "consagração" por excelência. Intervêm, além disso, os ritos litúrgicos que, para inspirar o sentido do sagrado, por vezes requerem o silêncio, a posição prostrada ou ajoelhada, ou a profissão de fé, o incensar do Evangelho, do altar, do celebrante e das santas espécies. Ainda mais, tais ritos pedem auxílio dos seres angélicos, criados para o serviço do Deus santo: pelo *"sanctus"* de nossas Igrejas latinas, pelo *"trisagion"* e o *"sancta sanctis"* das liturgias orientais.

Os cristãos esperam com razão que a vida dos padres seja coerente com a sacralidade de sua identidade mais profunda. Eles sabem intuitivamente que um padre que não é um santo é um tipo de anomalia. Pois o sagrado sem santidade não tem sentido.

> **Bento XVI,** *Homilia na Missa da crisma, Quinta-feira Santa,* **9 de abril de 2009**
>
> *Caros irmãos e irmãs,*
>
> *No Cenáculo, na véspera de sua paixão, o Senhor orou por seus discípulos reunidos ao seu redor, olhando adiante para a comunidade de discípulos de todos os tempos, para "aqueles que aceitarão sua palavra e acreditarão em mim" (Jo 17,20). Em sua oração por todos os seus discípulos de todos os tempos, ele pensou em nós também e rezou por nós. Ouçamos o que ele pede pelos Doze e por nós que estamos aqui reunidos: "Consagra-os na verdade: sua palavra é a verdade. Como vós me enviaste, assim eu os envio ao mundo. E por eles me consagro, para que também eles possam ser consagrados pela verdade" (Jo 17,17-19). O Senhor pede a nossa santificação, a nossa consagração na verdade. E ele nos envia para continuar sua própria missão. Mas há uma frase nesta oração que atrai nossa atenção, que nos parece ser pouco compreendida. Jesus diz: "Eu me consagro a eles". O que isso significa? Não é Jesus em si mesmo "o Santo de Deus", como declarou Pedro em um momento decisivo em Cafarnaum (cf. Jo 6,69)? Como ele pode agora se consagrar, isto é, se santificar?*
>
> *Para entender isto, devemos antes de tudo explicar o que as palavras "santo" e "santificar/consagrado" significam na Bíblia. "Santo" — essa palavra indica antes de tudo a própria natureza de Deus, sua maneira muito especial de ser, sua divindade, que é própria dele*

somente. Só ele é o verdadeiro e autêntico Santo no sentido original. Toda outra santidade vem d'Ele, é uma participação na Sua maneira de ser. Ele é a Luz mais pura, a Verdade e o Bem imaculado. Consagrar algo ou alguém significa, portanto, dar aquela coisa ou pessoa como propriedade a Deus, tirá-la do reino do que é nosso e trazê-la para seu domínio, para que não nos pertença mais, mas seja totalmente de Deus. Consagrar, então, é retirar do mundo e dar ao Deus vivo. A coisa ou a pessoa não mais nos pertence, nem pertence a si mesma, mas está imersa em Deus. Privar-se de algo desta maneira para dá-lo a Deus é o que também chamamos de sacrifício: não será mais minha propriedade, mas será sua propriedade. No Antigo Testamento, a entrega de uma pessoa a Deus, ou seja, sua "santificação", é identificada com a ordenação sacerdotal, e desta forma também se define em que consiste o sacerdócio: é uma passagem de propriedade, está sendo tirada do mundo e dada a Deus. Assim, as duas direções que fazem parte do processo de santificação/consagração são destacadas. Deve ser tirado do contexto da vida mundana — deve ser "posto à parte" para Deus. Mas, precisamente por este motivo, não se trata de segregação. Ao contrário, ser separado para Deus significa ser colocado para representar os outros. O sacerdote é retirado dos laços do mundo e entregue a Deus, e assim, a partir de Deus, ele deve estar disponível para os outros, para todos. Quando Jesus diz: "Consagro-me", ele se faz tanto sacerdote quanto vítima. É por isso que Bultmann está certo ao traduzir a afirmação: "Eu me consagro" como "Eu me sacrifico". Entendemos agora o que acontece quando Jesus diz: "Eu me consagro por eles"? Este é o ato sacerdotal pelo qual Jesus — o homem Jesus, que é um só com o Filho de Deus — se entrega ao Pai por nós. É a expressão do fato de que ele é ao mesmo tempo padre e vítima. Eu me consagro — eu me sacrifico: esta expressão abismal, que nos permite penetrar na intimidade do coração de Jesus Cristo, deve ser objeto de nossa contínua reflexão. Nele se encarna todo o mistério de nossa redenção. E a origem do sacerdócio da Igreja, de nosso sacerdócio, também está contida nele.

Somente agora podemos compreender plenamente a oração que o Senhor ofereceu a seu Pai pelos discípulos — por nós. "Consagrá-los com a verdade": esta é a entrada dos apóstolos no sacerdócio de Jesus Cristo, a instituição de seu novo sacerdócio para a comunidade dos fiéis de todos os tempos. "Consagrá-los com a verdade": esta é a verdadeira oração de consagração para os apóstolos. O Senhor pede que o próprio Deus os atraia para si em sua santidade. Ele pede a Ele que os tire de si mesmos e os faça Seus, para que dele possam realizar seu serviço sacerdotal para o mundo. Esta oração de Jesus aparece duas vezes de uma forma ligeiramente modificada. Ambas as vezes devemos ouvi-lo com muita atenção para começar a entender pelo menos um pouco do fato sublime que está sendo realizado. "Consagrá-los com a verdade". Jesus acrescenta: "Sua palavra é verdade". Os discípulos são assim atraídos para a intimidade de Deus por sua imersão na palavra de Deus. A Palavra de Deus é, por assim dizer, o banho que os purifica, o poder criador que os transforma no ser de Deus. Qual é então a situação em nossas vidas? Estamos realmente imersos na Palavra de Deus? É realmente o alimento que nos sustenta, ainda mais do que o pão e as coisas deste mundo? Nós realmente o sabemos? Nós amamos isso? Interiormente, será que nos importamos com esta Palavra na medida em que ela realmente molda nossas vidas e informa nosso pensamento? Ou nosso pensamento não é constantemente moldado por tudo o que é dito e feito? As opiniões predominantes não são muitas vezes os critérios em que nos baseamos? Não ficamos, no final das contas, na superficialidade de tudo o que hoje é geralmente imposto ao homem? Será que realmente nos permitimos ser purificados em nosso íntimo pela Palavra de Deus? Nietzsche ironicamente descreveu a humildade e a obediência como virtudes servis, pelas quais os homens teriam sido diminuídos. Em seu lugar, ele colocou o orgulho e a liberdade absoluta do homem. Agora, há caricaturas de uma humildade errada e uma submissão errada, que não queremos imitar. Mas também há orgulho e presunção destrutivos que desintegram qualquer comunidade e levam à violência. Sabemos aprender de Cristo a humildade correta que corresponde à verdade de nosso ser e a obediência que se submete à verdade, à vontade de Deus? "Consagrai-os com a verdade; vossa palavra é verdade": estas palavras que nos apresentam ao sacerdócio iluminam nossas vidas e nos chamam a nos tornar sempre mais discípulos desta verdade, que é revelada na Palavra de Deus.

Ao interpretar esta frase, podemos ir um passo além. Jesus não disse de si mesmo: "Eu sou a Verdade" (cf. Jo 14,6)? Ele mesmo não é a Palavra viva de Deus, a quem todas as outras palavras estão relacionadas? Consagrá-los com a verdade — isso significa, no sentido mais profundo: fazê-los um comigo, Cristo. Ligue-os a mim. Atraia--os para dentro de mim. E de fato, no final das contas, existe apenas um sacerdote do Nova Aliança, o próprio Jesus. E o sacerdócio dos discípulos, portanto, só pode ser uma participação no sacerdócio de Jesus. Nosso ser sacerdotes, portanto, não é nada mais que uma nova e radical forma de estarmos unidos a Cristo. Substancialmente, este foi-nos dado para sempre no Sacramento. Mas este novo selo sobre nosso ser pode se tornar para nós um julgamento de condenação se nossa vida não se desdobrar na verdade do Sacramento. As promessas que renovamos hoje dizem a este respeito que nossa vontade deve ser dirigida desta forma: Domino Iesu arctius coniungi et conformari, vobismetipsis abrenuntiantes. A união com Cristo implica renúncia. Isso implica que não queremos impor nosso caminho ou nossa vontade; que não queremos nos tornar isto ou aquilo, mas que nos abandonamos a Ele, sem nos preocuparmos com onde *e como Ele nos usará.* "Vivo, mas não sou eu que vivo, mas é Cristo que vive em mim" (Gl 2,20), disse São Paulo sobre este assunto. No "sim" da ordenação sacerdotal, fizemos esta renúncia fundamental da vontade de ser autonomeado, de "autorrealização". Mas, dia após dia, devemos perceber este grande "sim" nos muitos pequenos "sim" e nas pequenas renúncias. Este "sim" de pequenos passos que juntos formam o grande "sim" só pode ser realizado sem amargura e autopiedade se Cristo for verdadeiramente o centro de nossa vida. Na medida em que entramos em uma autêntica familiaridade com Ele. Então, de fato, em meio às renúncias que a princípio podem ser a causa do sofrimento, experimentamos a crescente alegria da amizade com Ele, de todos os pequenos e às vezes também os grandes sinais do amor que Ele nos dá continuamente. "Aquele que perde sua vida encontra-a". Se ousamos nos perder para o Senhor, então verificamos por experiência como esta palavra é verdadeira.

Estar imerso na Verdade, em Cristo — a oração faz parte deste processo no qual aprendemos a ser seus amigos e também a conhecê-lo: seu modo de ser, de pensar, de agir. A oração é uma jornada em comunhão pessoal com Cristo, apresentando a Ele nossas vidas diárias, nossos sucessos e fracassos, nossas provações e alegrias — é simplesmente nos apresentarmos diante Dele. Mas para evitar que isto se torne auto-contemplação, é importante que aprendamos continuamente a rezar orando com a Igreja. Celebrar a Eucaristia significa rezar. Celebramos a Eucaristia da maneira correta, se entrarmos nas palavras que a Igreja nos propõe com todo o nosso ser. Neles está a oração de todas as gerações que nos conduzem com eles no caminho para o Senhor. Como sacerdotes, somos aqueles que, na celebração eucarística, com nossa oração, abrimos o caminho para a oração dos fiéis de hoje. Se estamos interiormente unidos às palavras da oração, se nos deixamos guiar e transformar por elas, então os *fiéis também encontram acesso a essas palavras. Então todos nós nos tornamos verdadeiramente "um só corpo e uma só alma" com Cristo.*

Estar imerso na verdade e, portanto, na santidade de Deus significa para nós também aceitar a natureza exigente da verdade; opor-se, tanto nas coisas grandes como nas pequenas, à mentira que está presente no mundo de tantas maneiras diferentes; aceitar a luta pela verdade, para que sua alegria mais profunda esteja presente em nós. Quando falamos em ser consagrados pela verdade, não devemos esquecer que em Jesus Cristo a verdade e o amor são uma realidade. Estar imerso n'Ele significa estar imersos em sua bondade, em verdadeiro amor. O amor verdadeiro não sai barato, ele pode até mesmo ser muito exigente. Ela resiste ao mal para levar as pessoas ao verdadeiro bem. Se nos tornamos um com Cristo, aprendemos a reconhecê-lo naqueles que sofrem, nos pobres, nos pequenos deste mundo; então nos tornamos pessoas que servem, que reconhecem os irmãos e irmãs de Cristo e que neles se encontram a Ele mesmo.

"Consagrai-os na verdade" — esta é a primeira parte das palavras de Jesus. Mas depois acrescenta: "Eu me consagro a eles, para que também eles sejam consagrados pela verdade" — ou seja, autenticamente (Jo 17,19). Creio que esta segunda parte tem um significado especial. Nas diversas religiões do mundo existem muitos rituais de "santificação", de consagração de uma pessoa humana. Mas todos esses ritos podem permanecer em um nível puramente formal. Cristo pede uma verdadeira santificação para seus discípulos, que transforma seu ser, que os transforma eles mesmos; que isto não permanece puramente ritualístico, mas é uma verdadeira apropriação pelo próprio Deus. Poderíamos dizer novamente: Cristo nos pediu o Sacramento que nos toca na profundidade do nosso ser. Mas ele também rezou para que esta transformação que está ocorrendo em nós dia após dia fosse traduzida em vida; ele rezou para que em nossa vida

diária, no concreto de nossa vida diária, fôssemos verdadeiramente invadidos pela luz de Deus.

Na véspera de minha ordenação sacerdotal, há cinqüenta e oito anos, abri a Sagrada Escritura, porque eu ainda queria receber uma Palavra do Senhor para aquele dia e para o caminho que eu teria que percorrer como padre. E meus olhos caíram sobre esta passagem: "Consagra-os com a verdade: sua palavra é a verdade". Então eu sabia: o Senhor está falando de mim, e Ele está falando comigo. Isto é exatamente o que vai acontecer comigo amanhã. Em última análise, não somos consagrados por ritos, mesmo que haja necessidade de ritos. O banho em que o Senhor nos imerge é Ele mesmo — a Verdade em pessoa. Ordenação sacerdotal significa estar imerso Nele, na Verdade. Eu pertenço a ele de uma nova maneira e desta maneira pertenço a outros, "para que venha o seu reino". Caros amigos, no momento da renovação das promessas, queremos rezar ao Senhor para que nos tornemos homens de verdade, homens de amor, homens de Deus. Oremos a ele para nos atrair cada vez mais para dentro de si mesmo, para que possamos nos tornar verdadeiramente sacerdotes da Nova Aliança. Amém.

MEDITAÇÃO

O sacerdote é uma pessoa consagrada. Pelo ato sagrado da ordenação sagrada, o sacerdote é introduzido em um novo tipo de vida, que o remove dos laços do mundo para ser dado a Deus e unido a Cristo em um vínculo original, inefável e irreversível. De fato, é em sua própria alma que o sacerdote tem impresso um caráter especial que o configura por meio da Ordenação sacerdotal. É o que afirma o Concílio Vaticano II: "Os sacerdotes são ministros de Cristo Cabeça para a edificação de todo seu Corpo, a Igreja,

XI | O SACERDOTE: HOMEM CONSAGRADO, HOMEM DO SAGRADO

como cooperadores na ordem episcopal: é nesta qualidade que o sacramento da Ordem sagrada os configura a Cristo sacerdote. Certamente, por sua consagração batismal, eles já receberam, como todos os cristãos, o sinal e o dom de uma vocação e de uma graça que implicam para eles a possibilidade e a exigência de lutar, apesar da fraqueza humana, pela perfeição da qual o Senhor fala: 'Sereis, pois, perfeitos como vosso Pai celestial é perfeito' (Mt 5,48).

Mas os padres são obrigados a adquirir esta perfeição de uma forma particular: ao receberem a Ordem, eles foram consagrados a Deus de uma nova maneira para serem instrumentos vivos do eterno sacerdote Cristo, com poderes para continuar ao longo do tempo a admirável ação pela qual, em seu poder soberano, ele restaurou toda a comunidade cristã. Cada sacerdote, como ocupa a seu modo o lugar de Cristo em pessoa, é portanto dotado de uma graça especial; esta graça o torna mais capaz de lutar, pelo serviço do povo a ele confiado e de todo o povo de Deus, pela perfeição d'Aquele que ele representa"[3].

"Nós, [sacerdotes], somos separados do meio dos homens e permanecemos próximos a eles. 'Cristãos com eles', como disse Santo Agostinho. Mas estamos 'separados', totalmente consagrados à obra de salvação para a qual o Senhor Jesus nos chama"[4].

Agora se pode entender como o sacerdote se torna um *"Segregatus in Evangelium Dei*: separado pelo Evangelho de

---

[3] Concílio Ecumênico Vaticano II. Decreto sobre o ministério e a vida dos sacerdotes *Presbyterorum ordinis*, n° 12, 7 de dezembro de 1965.
[4] João Paulo II. Discurso por ocasião do retiro espiritual dos padres, diáconos e seminaristas, Ars, 6 de outubro de 1986.

Deus" (Rm 1,1). Ele não pertence mais ao mundo, nem a si mesmo, mas agora está em um estado de propriedade exclusiva do Senhor. A sacralidade atinge uma profundidade tal que orienta todo o seu ser exclusivamente. Isto é tão profundo que não há mais nada nele para dispor como se ele não fosse um sacerdote do Senhor. Mesmo quando ele realiza ações que são de natureza temporal, o sacerdote é sempre ministro de Deus. Nele, tudo, absolutamente tudo, mesmo o profano, deve tornar-se "sacerdotal", como em Jesus, que sempre foi um sacerdote, sempre atuou como um sacerdote, em todas as manifestações de sua vida. Jesus nos identifica de tal maneira consigo mesmo no exercício dos poderes que nos conferiu que nossa personalidade desaparece diante da dele, já que é ele quem age por nosso intermédio. "Pelo sacramento da Ordem sagrada", disse com razão São Josemaría Escrivá de Balaguer, "o sacerdote torna-se capaz de emprestar sua voz, suas mãos e todo seu ser a Jesus Nosso Senhor. É Jesus que, na Santa Missa, pelas palavras da consagração, transforma as substâncias do pão e do vinho em seu Corpo e Sangue"[5].

É o próprio Jesus que, no sacramento da penitência, fala a palavra misericordiosa e paterna: "Teus pecados estão perdoados" (Mt 9,3; Lc 5,20; 7,48; cf. Jo 20,25). É ele quem fala quando o sacerdote, ao exercer seu ministério em nome e no espírito da Igreja, proclama a Palavra de Deus. É o próprio Cristo que cuida dos doentes, das crianças e dos pecadores, quando o Amor e a solicitude pastoral dos ministros sagrados os cercam, os vigiam e os protegem, como o pastor protege suas ovelhas dos lobos.

---

[5] Cf. Josemaria Escrià de Balaguer. *Sacerdote per l'eternità*, Milão, 1975.

XI | O SACERDOTE: HOMEM CONSAGRADO, HOMEM DO SAGRADO

Vejam: aqui nos encontramos no auge da sacralidade de Cristo, do qual somos participantes, e que fez o autor da Carta aos Hebreus exclamar: "Sobre este assunto teríamos muitas coisas a dizer, e difíceis de expor" (Hb 5,11). Por ser consagrado a Deus, total e exclusivamente dado a Ele, o sacerdote não tem outros bens, nenhuma outra riqueza, nenhum outro patrimônio, nenhum outro tesouro além de Deus. Assim, seu coração pode cantar, dia e noite: "Senhor, minha porção e meu cálice: de ti depende meu destino. Minha parte é meu deleite; tenho até mesmo a mais bela herança! Bendigo o Senhor que me aconselha, e até de noite me adverte o coração. Manterei o Senhor diante de mim continuamente; Ele está à minha direita; não serei movido" (Sl 15,5-8).

Não somos consagrados para nós mesmos, mas para Deus, para a Igreja e para o mundo. Este dom do sacerdócio, lembre-se sempre, amados sacerdotes, é uma maravilha que se realizou em nós, mas não para nós. Foi feito para a Igreja, em outras palavras, para que o mundo pudesse ser salvo. A dimensão sagrada do sacerdócio é ordenada à dimensão apostólica, ou seja, à missão, ao ministério pastoral. "Como o Pai me enviou, assim eu vos envio" (Jo 20,21). A Igreja é enviada por Deus. Ela não se encarrega de ir ao mundo e expressar suas opiniões e seu próprio julgamento sobre questões humanas. Ela é enviada para ensinar a Palavra e as leis de Deus. Ela não sai de si mesma para o mundo para propagar suas idéias ou suas opiniões sobre o homem e a sociedade, ou suas opiniões morais. O sacerdote é, portanto, também um enviado. Esta é uma nova e essencial conotação de identidade sacerdotal. Nosso sacerdócio está enraizado nas missões das pessoas divinas, em seu dom mútuo no coração da Santíssima Trindade. Assim, nossa missão é uma missão de salvação. "Porque Deus não enviou seu Filho ao mundo para julgar o mundo, mas para que o mundo fosse salvo por meio dele" (Jo 3,17). Jesus pregou a Boa Nova do Reino; escolheu e formou seus Apóstolos; realizou a obra da redenção pela cruz e da ressurreição; nas pegadas dos Apóstolos, estamos associados de maneira especial à sua obra de salvação, a fim de torná-la presente, atual e efetiva em todas as partes do mundo. São João Maria Vianney pôde dizer: "Sem o sacerdote, a morte e a paixão de Nosso Senhor não teriam nenhuma utilidade. É o padre que continua o trabalho de redenção na terra. [...] O sacerdócio é o amor do coração de Jesus"[6].

O que temos que realizar, então, não é o nosso próprio trabalho, mas o plano do Pai, a obra de salvação do Filho. O Espírito Santo usa nosso espírito, nossa inteligência, nossa boca, nossa vontade, nossas mãos e todas as nossas habilidades para levar à plena fruição a obra de salvação querida pela Santíssima Trindade. Em particular, cabe a nós proclamar incessantemente a Palavra para evangelizar, traduzi-la de modo a tocar os corações e convertê-los resolutamente para Jesus Cristo. Devemos proclamar a Palavra de Deus de forma clara, corajosa e fiel, sem alterá-la ou diminuí-la, sem diluí-la ou corrompê-la.

Trata-se de repetir o gesto da oferenda de Jesus na Última Ceia, e de reproduzir seus gestos de perdão para com os pecadores. É uma questão de ajudar os pecado-

---

[6] Bernard Nodet. *Jean-Marie Vianney, curé d'Ars. Sa pensée, son cœur*, op. cit.

res a reconhecer seu pecado, de encorajá-los a nomeá-lo. Quando, no Evangelho de São João, os escribas lhe armaram uma armadilha, trazendo-lhe uma mulher adúltera e dizendo: "'Mestre, esta mulher foi apanhada em adultério. Moisés nos ordenou na Lei que apedrejássemos tais mulheres. O que tens a dizer?'. Jesus baixou o olhar e começou a escrever no chão com seu dedo. Eles insistem e pedir uma resposta à sua pergunta. Ele lhes disse: 'Que aquele que estiver sem pecado entre vós atire a primeira pedra!' E dobrando-se novamente, ele escreveu no chão" (Jo 8,4-8). Então ele se levanta e reafirma claramente o valor e a imutabilidade das leis e exigências divinas; ele mostra como se deve comportar em relação ao pecador, cuja dignidade humana ele respeita: "Eu também não te condeno. Vá e não peques mais" (Jo 8,11). Essas são as palavras do Evangelho: mal é maldade, pecado é pecado, adultério é adultério. Mas o homem permanece chamado à santidade. Ele deve fazer continuamente a transição do velho homem, isto é, o pecador, para o Novo Homem regenerado pela água e pelo Espírito (cf. Jo 3,5). Devemos denunciar o mal, e convidar à conversão, ao abandono radical do pecado.

Ao revestir a pessoa de Cristo, exercemos de certa forma sua missão e sua função de mediador. Somos intérpretes da Palavra de Deus, dispensadores dos mistérios divinos (cf. 1Cor 4,1; 2Cor 6,4) para o povo. Somos enviados a todos os seus membros: crianças, jovens, idosos, famílias, trabalhadores, pobres e ricos, pequenos e grandes, doentes e saudáveis, e especialmente aqueles que estão longe de Deus e dos adversários da Igreja. Ninguém é excluído da caridade pastoral. Deus não exclui ninguém e não tem preferência por ninguém. Ele é o Pai de todos. "Pois ele faz o sol nascer sobre os maus e sobre os bons, e faz chover sobre os justos e os injustos" (Mt 5,45). Mas requer uma conversão radical e um retorno a Deus, vivendo de acordo com suas leis. Nós, sacerdotes, somos a voz de Deus convidando à conversão e levando as pessoas ao nosso Senhor. Nós também, em nome de Deus, somos os pais de todos. Nós somos os portadores de suas ofertas. Somos suas vozes orantes e suplicantes, exultantes e com gemidos. Somos sua expiação (cf. 2Cor 5,21).

Vivemos no mundo, compartilhando com as pessoas de nosso tempo suas ansiedades, suas esperanças e alegrias, e lutando com elas pela verdadeira liberdade, justiça, paz e bem-estar de todos. Pois, como diz o Concílio Vaticano II: "As alegrias e esperanças, as tristezas e ansiedades do povo de nosso tempo, especialmente dos pobres e de todos aqueles que sofrem, são também as alegrias e esperanças, as tristezas e ansiedades dos seguidores de Cristo, e não há nada verdadeiramente humano que não encontre um eco em seus corações"[7]. Contudo, os sacerdotes não devem se deixar possuir pelo mundo ou pelo Príncipe deste mundo, o Maligno (cf. Jo 17,14-15). Não vos conformeis", nos exorta São Paulo, "às opiniões e gostos deste mundo" (cf. Rm 12,2). Ao invés disso, trabalhe para alinhar sua personalidade e suas aspirações com a vontade de Deus. Sejam sinais de Deus. Saiba, entretanto, que a força do sinal não reside na conformidade, mas na distinção. A luz se distingue da escuridão para que possa iluminar o caminho de quem anda na noite e na escuridão do nosso mundo. O sal se mistura

---

[7] *Gaudium et spes*, n° 1.

aos alimentos para dar-lhes sabor. O fogo se opõe ao gelo para que ele possa aquecer os membros adormecidos pelo frio. Cristo nos chama de "luz e sal da terra". Em um mundo disperso, desorientado, confuso e desorientado pelas graves crises que estamos atravessando no momento, a crise de fé, a crise do sacerdócio, as crises antropológicas e culturais, a dessacralização da liturgia, a força do sinal consiste precisamente em ousar ser diferente. O sinal deve se destacar ainda mais porque a ação apostólica requer uma grande inserção na massa humana. Devemos ousar nos apresentar distintamente como sacerdotes. Devemos nos atrever a usar um hábito distinto. Devemos ousar introduzir espírito no mundo. Caso contrário, seremos um sinal de nada.

Quando perdemos de vista estes horizontes luminosos, a figura do padre se torna obscura, sua identidade entra em crise, seus deveres particulares não são mais justificados, sua razão de ser enfraquecida. O sacerdote é certamente um "homem para os outros", mas em virtude de sua forma particular de ser "homem para Deus". O serviço de Deus é o fundamento sobre o qual ele deve construir o autêntico serviço da humanidade, aquele que consiste em libertar as almas da escravidão do pecado e em conduzir o homem de volta ao serviço necessário de Deus. Deus, de fato, quer fazer da humanidade um povo que o honre, glorifique, ame e adore "em espírito e verdade" (Jo 4,23).

O padre não é um assistente social ou diretor de uma ONG que administra a ajuda humanitária. Seu serviço não é o do médico, o do político ou o do sindicalista.

É na área das almas, de seu relacionamento com Deus, que o sacerdote tem uma função essencial a desempenhar.

E é aqui que sua assistência aos homens de nosso tempo deve ser realizada. Certamente, sempre que as circunstâncias assim o exigirem, ele não dispensará a prestação de assistência material por meio de obras de caridade e a defesa da justiça. Mas, como já disse, este é, em última análise, um serviço secundário que nunca deve nos fazer perder de vista o serviço principal: ajudar as almas a descobrir o Pai, a abrir-se a Ele e a amá-Lo acima de tudo. Esta palavra dos Apóstolos deve estar profundamente gravada no coração de cada sacerdote: "[...] Não é apropriado que deixemos a Palavra de Deus para servir às mesas". Buscai antes entre vós, irmãos, sete homens de boa reputação, cheios do Espírito e de sabedoria, e os designaremos para este ofício; mas permaneceremos diligentes na oração e no serviço da Palavra" (At 6,2-4). Somente assim o padre terá a certeza de sua identidade. Ele nunca se sentirá inútil ou rebaixado, mesmo que seja forçado a renunciar a toda atividade externa. Pois se o Santo Sacrifício da Missa, a oração e a penitência, que são o essencial de seu sacerdócio, permanecem, então ele continua a dar a Deus imensa glória, como Cristo por trinta anos, enterrado na contemplação, na escuta atenta, interior e alegre da vontade do Pai.

XII
CRISTO, O SUMO SACERDOTE PERFEITO
A partir de uma meditação do Papa Francisco

INTRODUÇÃO

A Carta aos Hebreus é categórica quando, como em uma esplêndida homilia sobre o Sacerdócio de Cristo, ela afirma que o único Sacerdote é Cristo. Na realidade, temos apenas um Sumo Sacerdote, que é Jesus Cristo. O sacerdócio dos bispos e sacerdotes nada mais é do que uma participação sacramental neste único sacerdócio, que foi cumprida no único sacrifício efetivo: o da Cruz.

"Do mesmo modo, não foi Cristo quem se deu a si mesmo a glória de ser Sumo Sacerdote, mas foi Ele quem Lhe disse: 'Tu és meu Filho, eu hoje te gerei'. [...] Foi ele quem, nos dias de sua carne, tendo apresentado, com violentos clamores e lágrimas, súplicas e súplicas a ele que pôde salvá-lo da morte, e tendo sido ouvido por causa de sua piedade, todo o Filho que ele era, aprendeu, pelo que sofreu, a obediência; depois de ter Ele foi feito perfeito, tornou-se para todos aqueles que lhe obedecem um princípio de salvação eterna" (Hb 5,5.7-10).

Tentemos aprofundar esta afirmação, especificando o termo perfeição, que constitui o culminar da oferenda de Cristo. Isto nos permitirá compreender a natureza do novo sacrifício e a orientação do novo sacerdócio, tal como Cristo o vê.

No Antigo Testamento, a consagração sacerdotal era vista como uma separação que transportava o sacerdote para um reino separado e, doravante, proibia o contato com o mundo secular. Profundamente fascinado por sua relação privilegiada com Deus, o Antigo Testamento via o sacerdote como o homem absolutamente dado a Deus, 'o homem por Deus', o homem feito para oferecer a Deus ofertas santas e para trazer a ele o perfume agradável do incenso. Ele deve ensinar fielmente e transmitir Sua Palavra em sua totalidade. Esta pertença a Deus exigia a ruptura dos laços familiares, como enfatiza o livro de Deuteronômio: "Ele disse de seu pai e de sua mãe: 'Eu não o vi. Seus irmãos ele não conhece mais. Seus filhos ele não conhece. Sim, eles mantiveram sua palavra e mantêm seu convênio. Eles ensinam seus costumes a Jacó e sua Lei a Israel. Eles trazem incenso para suas narinas e colocam holocaustos em seu altar" (Dt 33,9-10).

O padre também tinha autoridade para falar em nome de Deus. Ele era seu mensageiro. Mas nem sempre um mensageiro fiel, muitas vezes falsificando a Palavra de Deus. Ainda hoje ouvimos padres apresentando Deus de uma forma vulgar e mundana, e manipulando sua Palavra ao seu gosto para adaptá-la à mentalidade e ideologias anti-cristãs modernas. Pois", diz o profeta Malaquias, "está nos lábios do sacerdote guardar o conhecimento, e de sua boca se busca o ensino: ele é o mensageiro de Yahweh Sabaot. Mas vós vos desviastes do caminho; fizestes muitos tropeçarem no ensino; destruístes o pacto de Levi, diz Yahweh dos anfitriões" (Ml 2,7-8). Além disso, o sacerdote do Antigo Testamento era implacavelmente severo para com os pecadores (Ex 32,26-29; Nm 25,6-12).

Certamente, o sacerdote permanece e continuará sendo o mensageiro de Deus, transmitindo ao povo os ensinamentos, costumes e leis de Deus, e não suas próprias opiniões pessoais. Ele sempre elevará a oração a Deus como incenso e colocará o holocausto sobre o altar de Deus. Mas Cristo vai mudar radicalmente a perspectiva e esta concepção de consagração sacerdotal. De fato, o autor da Carta aos Hebreus, meditando sobre a Paixão e sobre a situação atual de Cristo com o Pai, entendeu que a santificação por separação ritual, tal como concebida pelo Antigo Testamento, era seriamente deficiente. Na realidade, não foi uma verdadeira consagração, porque não transformou substancial e profundamente o homem que a recebeu e, portanto, não o aproximou de Deus. Foi realizada por meio de sacrifícios de animais (Lv 8; 9). Mas como os sacrifícios animais poderiam trazer perfeição a uma consciência humana contaminada ou a um homem que estava seriamente, profundamente corrompido pelo dinheiro, poder e prazeres humanos? De fato, o sangue de touros e caprinos é impotente para tirar os pecados e para transformar o homem interiormente. É por isso que, ao entrar no mundo, Cristo diz: "Não pedistes ofertas nem vítimas, holocaustos por nossos pecados. Então eu vos disse: 'Eis que venho, sobre mim está escrito no livro, com prazer faço a vossa vontade'" (Hb 10,4-7). A paixão de Cristo foi um ato de mediação sacerdotal, que nos abriu um novo e vivo caminho, inaugurado pelo véu, ou seja, a carne de Cristo. Jesus Cristo é o verdadeiro sacerdote soberano, estabelecido como o Chefe da Casa de Deus (Hb 10,21). Assim, Ele nos dá acesso a Deus, com o coração limpo do que contamina nossa consciência e um corpo lavado com água pura. O segredo deste ato de mediação foi a união perfeita, no coração de Cristo, de duas lealdades: a fidelidade a Deus em obediência filial à vontade divina e a fidelidade aos homens em solidariedade fraterna.

Antes de Cristo, as pessoas certamente estavam preocupadas com a santidade dos sacerdotes, mas só podiam assegurar uma santidade externa (Hb 9,13), um ritual meticuloso (oblações, unções, vestes especiais) separava materialmente o sacerdote do mundo profano e o consagrava simbolicamente a Deus. Desta forma, foi expressa a preocupação de se tornar agradável e digno de Deus. Mas o que pode cerimônias, o que pode ser puramente ritual e essencialmente atos externos, o que pode podem receber as vestes sagradas se seu coração continuar manchado e profundamente danificado pelo pecado? É nas profundezas de si mesmo que o padre deve se encontrar verdadeiramente sintonizado com Deus.

Esta exigência radical encontra sua plena realização em Jesus Cristo, e somente n'Ele. A santidade de Cristo não tem nada a ver com uma veste cerimonial destinada a mascarar a miséria moral e a indignidade pessoal do sacerdote. A santidade de Cristo é uma santidade interior, que surge nele como a própria fonte de seu ser, o enche completamente e se espalha ao seu redor com uma força impetuosa. Ele pode santificar o povo com seu próprio sangue (Hb 13,12; 9,14). Esta é a santidade do único Filho que adere perfeitamente à vontade de Deus, seu Pai (Hb 10,7), e que o Pai pode designar como o "Filho amado [que tem] todo [seu] favor" (Mc 1,11). E para que não haja mal-entendidos, o autor da Carta aos Hebreus acrescenta dois epítetos, que excluem o mal e a impureza. O Sumo Sacerdote perfeito é inocente e imaculado. Sua inocência nos lembra o que já foi dito sobre Jesus: "Porque não temos um sumo sacerdote que não seja capaz de simpatizar com nossas fraquezas, pois ele foi testado em todos os sentidos, exceto no pecado" (Hb 4,15). Sacrifício, no verdadeiro sentido da palavra, é sempre uma ação divina, não uma obra humana. É uma intervenção transformadora de Deus. O homem pode apresentar algo a Deus, mas é impossível para ele santificar o que ele traz. Somente Deus, fonte de toda santidade, é capaz de santificar a oferenda e de torná-la um sacrifício. O Antigo Testamento entendeu perfeitamente este aspecto da situação. É por isso que enfatizou o papel do fogo do céu ao fazer sacrifícios (1Rs 18,36-39). Recordamos Elias e o sacrifício no Carmelo (Jz 6,19-23).

Assim, o culto sacerdotal foi realizado graças a uma chama que surgiu antes de Yahweh e consumiu as vítimas oferecidas no altar (Lv 9,24). O fogo sagrado era então constantemente mantido no altar (Lv 6,5-6).

O autor da Carta aos Hebreus aprofundará esta intuição e mostrará sua realização na Paixão de Cristo. Não é mais por meio de uma chama material que Cristo se ofereceu como sacrifício, mas por meio do Espírito eterno (Hb

9,14). O verdadeiro fogo divino, de fato, não é outro senão o Espírito Santo, o único capaz de provocar uma autêntica transformação sacrificial. É exatamente isso que pedimos na epiclese durante o Sacrifício da Missa. Quando o padre pede o envio do Espírito Santo para a consagração, ele diz: "Nós vos pedimos que aceiteis nossas ofertas. Santificai-as pelo teu Espírito para que se tornem o Corpo e o Sangue de teu Filho Jesus Cristo nosso Senhor, que nos ordenou celebrar este mistério"[1]. Pedimos a efusão do poder do Espírito Santo sobre as ofertas. Pois foi ele quem fez a Encarnação no ventre da Virgem Maria, e foi ele quem desceu sobre Jesus no batismo no Jordão na forma de pomba (Mt 3,16). É também o Espírito Santo que o conduz ao deserto para ser tentado por Satanás (cf. Mt 4,1). Por isso, é importante e indispensável pedir-lhe que realize a Presença de Jesus sob as espécies do pão e do vinho eucarístico. Nós o invocamos para vir e santificá-los e consagrá-los para que se tornem o corpo e o sangue de Jesus Cristo, Nosso Senhor. E após a consagração, nós O invocamos novamente para nos fazer uma oferta eterna para a glória de Deus. Sem o Espírito eterno, o que podemos fazer? Absolutamente nada. É o Espírito que nos inspira a mais plena adesão ao propósito amoroso de Deus Pai, e a completa solidariedade entre nós, formando um corpo e um espírito em Cristo. O fogo do céu, de que se falava nas tradições bíblicas anteriores, apenas simbolizava isto.

A menção do sacrifício de Cristo na Carta aos Hebreus traz à mente a hora mais trágica de Jesus no Jardim das Oliveiras, e nos lembra os momentos angustiados de sua Paixão e morte iminente. Naquela hora de grande sofrimento

---

[1] Oração eucarística III.

e solidão, ele reza e implora àquele que poderia salvá-lo da morte: "Meu Pai, se for possível, deixe passar este cálice de mim! Mas não se faça minha vontade, mas a tua" (Mt 26,39). Sua oração, entretanto, está impregnada de "profundo respeito" (Hb 5,7). Este profundo respeito lhe dá o direito de ser ouvido, mas a audiência vem por meio de um doloroso aprendizado de obediência: "Ele aprendeu a obediência por meio do sofrimento" (Hb 5,8). Sua oração e suas súplicas são insistentes. Novamente, pela segunda vez, ele foi embora e orou: "Pai", disse ele, "se este cálice não pode passar sem que eu o beba, seja feita a tua vontade" (Mt 26,42).

São Paulo, por sua vez, enfatiza que Jesus se despojou do que era, em um ato de liberdade e amor. Ele renunciou ao exercício de um privilégio de glória que havia recebido do Pai antes do início do mundo, sem renunciar à sua divindade. Com efeito, Cristo passa da condição de Deus para a condição de escravo, a fim de se tornar como os homens.

"O elemento que mais causa estupefação", comenta Albert Vanhoye, "do mistério da encarnação é precisamente este: Cristo assumiu uma natureza semelhante à nossa, uma carne semelhante à do pecado (cf. Rm 8,3), uma natureza humana que precisava ser radicalmente transformada para entrar na intimidade celestial de Deus. A distorção causada pela desobediência teve que ser corrigida por uma superabundância de obediência. O pregador não hesita em afirmar que Cristo 'aprendeu a obediência por seus sofrimentos' (Hb 5,8). Como podemos entender esta afirmação desconcertante? Cristo teria sido, mesmo por um momento, pouco cooperante? Certamente que não! Ele nunca pecou (cf. Hb 4,15; Jo 8,46; 1Pd 1,19). Desde o início de sua existência terrena, ele foi orientado na direção da perfeita docilidade à vontade de Deus (Hb 10,5-9). Entretanto, deve ser feita uma distinção entre uma disposição de princípio à docilidade e o resultado de uma docilidade efetiva no ser humano pelo sofrimento e da morte.

Pensemos nisto: somente pelas provações da vida é que a docilidade para com Deus pode penetrar em cada fibra de nossa natureza humana. Por esta razão, o sofrimento acolhido e oferecido com alegria e serenidade é uma grande escola, um educador e ao mesmo tempo uma prova do Amor que temos por Deus. Cristo aceitou esta dolorosa exigência. Acrescentemos que sua obediência foi superabundante, pois ao aderir ao plano de amor de seu Pai, submeteu-se a um destino que não merecia de modo algum, um destino tragicamente injusto, o dos inocentes colocados entre os mais culpados e condenados a uma tortura infame (cf. Lc 22,37; 1Pd 2,22-24). Foi assim que Cristo foi consagrado Sumo Sacerdote. Não se pode imaginar uma maior solidariedade com a miséria humana. Cristo crucificado estava verdadeiramente cheio de fraqueza (Hb 5,2; cf. 2Cor 13,14). Por causa disso, sua mediação sacerdotal é capaz de alcançar todos os seres humanos, mesmo os mais infelizes e culpados. A perfeição que ele alcançou pela forma como enfrentou seu sofrimento e sua morte, ele alcançou por nossa natureza humana. Ele pode, portanto, comunicá-lo a todos aqueles que aderem a Ele"[2].

Jesus não pretende ser tratado de uma forma divina. Ele revela assim a profundidade de sua humilhação e de seu

---

[2] É. Cothenet, M. Morgen e A. Vanhoye. *Les Dernières Épîtres: Hébreux, Jacques, Pierre, Jean, Jude*. Paris, Bayard, 1977.

auto-esvaziamento. De sua condição de Deus, ele retém apenas aquele elo que o une a Deus no amor, seu ser como Filho: não está, portanto, na encarnação nem mesmo na morte na cruz ele adquiriu o direito de ser igual a Deus. Ele sempre foi igual a Deus. Se ele assume nossa humanidade e é plenamente humano, é por amor ao Pai e por amor à humanidade.

Em sua Encarnação, a condição divina não aparece como a imaginamos, ou melhor, aparece como está na humildade d'Aquele que é capaz de amar a ponto de se despojar de si mesmo. Cristo prefere os outros, isto é, os homens, mesmo que essa preferência se revele dolorosa e cara, devido à preferência que ele tem pelo Pai, que também, por Ele e n'Ele, quer se dar a nós.

O ponto extremo desta humilhação é alcançado na morte na cruz. "Ele se humilhou ainda mais, obedecendo até a morte, e a morte na cruz" (Fil 2,8). A humildade se torna humilhação. Ela leva Cristo a aceitar este tipo de morte: uma tortura de escravo para o mundo greco-romano e um símbolo do mal para o mundo judeu. A Cruz é assim o abismo da humilhação e, ao mesmo tempo, a expressão suprema e o cume do amor. Não é a morte "por nós" que é explicitada aqui, mas a forma suprema que a *kenosis* do Filho de Deus assume. Cristo está tão entregue ao Pai que deve ir à Cruz para expressar o abismo de amor que ele tem pelo Pai e por nós homens. O rebaixamento de Cristo não é, portanto, um simples ato de obediência e humildade. É um ato de abnegação pelo qual o Filho experimenta e mostra que se entrega inteiramente ao Pai e à humanidade, e que, n' Ele e por Ele, o Pai revela o quanto Ele se dá e se rende a nós.

Assim, a súplica de Cristo foi ouvida. Oração, súplica e lágrimas obtiveram a transformação sacrificial forjada pelo Espírito de Deus. Esta transformação foi alcançada pelo sofrimento e a morte. O evento da Paixão de Jesus é assim apresentado como uma oferenda sagrada. Uma oração intensa, apresentada a Deus com profunda reverência, é tanto um pedido quanto uma oferenda. Aquele que reza se oferece a Deus para ser ouvido. Ele permite a Deus intervir em sua existência concreta e real, e transformar seu ser profunda e radicalmente. Além do mais, aquele que reza com todo o seu coração pede a intervenção divina, ele aspira das profundezas de seu ser a esta transformação. Cristo, que se ofereceu em oração à ação de Deus e a aceitou em obediência, foi "tornado perfeito" e, ao mesmo tempo, consagrado Sumo Sacerdote.

Nós mesmos nos tornamos verdadeiramente sacerdotes apenas carregando a cruz de nossa fidelidade aos nossos compromissos sacerdotais a cada dia. Tornamo-nos padres somente morrendo com Cristo todos os dias. Não existe um verdadeiro sacerdócio sem uma cruz.

Assim, em sua Paixão, Cristo selou sua solidariedade com a humanidade em seu próprio sangue. Ele os amou até o fim e se entregou por eles, oferecendo-se a Deus como um sacrifício de cheiro doce (cf. Jo 13,1; Ef 5,2). No final de sua Paixão, Jesus é mais do que nunca seu irmão. Ele se fez como eles em todos os sentidos. "Pois o santificador e o santificado são todos da mesma origem. Portanto, ele não tem vergonha de chamá-los de irmãos" (Hb 2,11). Ele é capaz de compreendê-los e ajudá-los (Hb 4,15-16). Mas não devemos esquecer de acrescentar que ele se fez como nós de todas as maneiras, exceto pelo pecado. Devemos, portanto, opor-nos à ilusão daqueles que pensam que a cumplicidade no mal — sob o pretexto de uma atitude de misericórdia e compreensão ou de acompanhamento pastoral — é necessária para a plena solidariedade com os pecadores. O oposto é verdadeiro. Longe de ser um fator de genuína solidariedade ou aceitação, a cumplicidade no mal ou a banalização e minimização de pecados graves só mina a solidariedade e aumenta sua devastação no mundo.

O que dá à Paixão de Cristo toda sua fecundidade é obviamente a perfeição do Amor com que ele a enfrentou, sem jamais ceder a qualquer impulso maligno (Hb 9,14; 1Pd 2,21-25). A Paixão de Cristo levou à perfeição o relacionamento de Cristo com as pessoas e seu relacionamento com Deus. Com todo o impulso de seu ser, Jesus voltou-se para Deus, de quem implorou uma intervenção decisiva, e levou ao extremo sua adesão à vontade de Deus (Hb 5,8; 10,9). No final de sua Paixão, ele é, mais do que nunca, o Filho de Deus. Sua relação filial com o Pai floresceu em sua humanidade transformada. O que antes era "servo" (Fl 2,7) e "carne como o pecado e para o pecado" (Rm 8,3) tornou-se o corpo glorificado de Cristo, "estabelecido segundo o Espírito Santo, Filho de Deus com poder, por causa de sua ressurreição dentre os mortos" (Rm 1,4).

O que é notável neste duplo aspecto da consagração de Cristo é que as duas relações — com os homens e com Deus — são mutuamente condicionadas, ou para melhor dizer, elas se fundem e se tornam inseparáveis. Muitas vezes se pensa que só se pode estar do lado de Deus se desprendendo completamente dos homens, que são tão indignos de atenção, ou que qualquer um que queira realizar um trabalho importante em benefício dos homens está, por este mesmo fato, em oposição a Deus, como se ele fosse obrigado a colocar Deus entre parênteses. A existência de Jesus contradiz essas duas ilusões. De fato, foi sua perfeita docilidade para com o Pai que levou Jesus a se tornar o libertador dos homens (Hb 2,10-18; 5,7-10). O amor misericordioso que o levou a entregar-se totalmente para tirar os pecados do mundo não tem outra fonte senão o coração do Pai. O aspecto sacerdotal da perfeição de Cristo deve-se precisamente à estreita união das duas relações em sua humanidade ressuscitada. Cristo é um padre perfeito porque tem a capacidade de nos levar à comunhão com Deus e à comunhão uns com os outros.

Ele não faz um sem o outro. Ele nos revela a impossibilidade de separar as duas dimensões do amor, da mesma forma que é impossível separar a divindade de Jesus de sua humanidade. Isto é o que São João tenta expressar em sua primeira carta: "Se alguém diz: 'Amo a Deus', mas odeia seu irmão, é mentiroso, quem não ama seu irmão a quem vê, não pode amar a Deus a quem não vê. Sim, este é o mandamento que d'Ele recebemos: que aquele que ama a Deus também ama seu irmão" (1Jo 4,20-21). Querer a dimensão vertical sem a dimensão horizontal é condenar-se ao fracasso. Da mesma forma, querer a dimensão horizontal da comunhão humana sem a dimensão vertical do relacionamento com Deus é querer cortar o rio de sua nascente ou a árvore de suas raízes. Somente a união das duas dimensões é válida. Isto é encontrado na Cruz de Jesus. Pela cruz, Cristo alcançou sua perfeição sacerdotal, que é a perfeição do relacionamento. O padre é uma ponte que conecta duas margens: Deus e a humanidade.

■ Papa Francisco, "A CARNE SACERDOTAL DO CRISTO"

"Tendo então, irmãos e irmãs, a garantia de acesso ao santuário pelo sangue de Jesus, por aquele caminho que ele inaugurou para nós, novo e vivo, pelo véu — ou seja, sua carne — e um sacerdote à frente da casa de Deus, aproximemo-nos dele com um coração sincero, na plenitude da fé, com o coração limpo de todas as impurezas de uma consciência maligna, e os corpos lavados com água pura. Não abandonemos sua própria congregação, como alguns costumam fazer, mas encorajemos uns aos outros, e ainda mais como vês aproximar-se o Dia. [...] Não somos homens de evasão por causa da perdição, mas homens de fé por causa de nossas almas" (Hb 10,19-25, 39).

Esse texto pode servir como uma introdução às reflexões que acompanharão nossa oração. Fala de segurança, de um coração sincero, de plenitude de fé, de firmeza na esperança, de um impulso de caridade. Dizem-nos que este valor se deve ao sangue de Jesus, à sua carne. A semana em que celebramos a Páscoa do Senhor é o momento mais adequado para contemplar os mistérios de sua Paixão e Ressurreição, que são os mistérios de sua carne ultrajada e glorificada. Nós nos defendemos da desordem do pecado, da atomização caótica de nossa consciência pecaminosa, ao nos reunirmos, como uma família, como fizeram as tribos nômades no deserto diante de Israel: o caos permanece lá fora. A Páscoa nos salva do caos. Dentro dela está a carne do Cordeiro que foi "morto" (Ap 5,9), que nos alimenta (Jo 6) e nos dá valor (coragem e constância), protegendo-nos da covardia, fruto do caos do pecado.

Em seus Exercícios Espirituais, Santo Inácio, meditando sobre o mistério da Paixão, nos exorta a pedir "tristeza, dor e confusão, pois é por meus pecados que o Senhor vai à sua Paixão" (EE 193), e também "tristeza com Jesus Cristo na dor; quebrantamento da alma com Jesus Cristo quebrado na alma e no corpo; lágrimas, e o sentimento interior de tantos males que Jesus Cristo sofreu por mim" (EE 203). Isso nos leva a considerar "o que Jesus Cristo, nosso Senhor, sofre ou deseja sofrer em sua humanidade. Aqui começarei a reunir todas as forças de minha alma para me excitar à dor, à tristeza e às lágrimas" (EE 195). E também nos faz refletir sobre o fato de que "a divindade permanece oculta durante toda a Paixão do Salvador. Ele poderia destruir seus inimigos, e não o faz; e abandona aos mais cruéis tormentos a Santíssima Humanidade que está unida a ele" (EE 196). Santo Inácio, como Santa Teresa, entende que o único caminho seguro para a divindade é por meio da santíssima humanidade de Nosso Senhor. [...] E, quanto à Paixão, devemos penetrar nesta humanidade, este homem Jesus que é Deus, mas que sofre como homem, em seu próprio corpo, em sua própria psique. E isto não é um conto popular, mas a história real, o único caminho tangível que todos devemos seguir para contemplar o Pai que se revela com o Filho. Contemplaremos a Paixão na carne de Jesus, em nossa carne. Não há outra maneira se realmente quisermos professar que Jesus está vivo, ressuscitado em sua própria carne, com suas feridas abertas e a transcendência do rosto do Pai. Ao contemplarmos a "Paixão", contemplaremos a forma como o Senhor mostrou paciência. Nós, seus discípulos, devemos compreender o que significa sofrer e ser pacientes, o que isso implica, a fim de conhecê-lo melhor e amá-lo melhor, para imitá-lo melhor.

Deus prepara seu Filho tornando-o "perfeito por meio de sofrimentos" (Hb 2,10); ele participa de carne e sangue para destruir, por sua morte, o Senhor da morte, isto é, o demônio, e para libertar aqueles que, por medo da morte, foram submetidos à escravidão durante toda sua vida (Hb 2,14ss.). "Vemo-lo coroado de glória e honra, porque sofreu a morte: era necessário que, pela graça de Deus, em benefício de todo homem, ele provasse a morte" (Hb 2,9). "Vós sois dignos de tomar o livro e abrir seus selos, pois fostes mortos e ao preço de vosso sangue redimistes para Deus homens de toda raça, língua, povo e nação; vós os fizestes para nosso Deus um reino de sacerdotes que reina na terra" (Ap 5,9-10). "Digno é o Cordeiro que foi morto para receber poder, riqueza, sabedoria, força, honra, glória e louvor" (Ap 5,12).

Para nos salvar, Jesus é paciente. Gostaria de sublinhar alguns aspectos desta "paciência", em particular sua dimensão sacerdotal.

Assim, Jesus "tem paciência" com sua carne, em sua carne. É por seu intermédio que ele é instituído como sacerdote. "Como resultado, ele teve que se tornar em todas as coisas como seus irmãos, para que pudesse se tornar um misericordioso e fiel sumo sacerdote em seu relacionamento com Deus, para expiar os pecados do povo. Porque ele mesmo sofreu com o julgamento, ele é capaz de ajudar aqueles que estão sendo testados" (Hb 2,17-18). Em sua aniquilação total, na aceitação de seu próprio fracasso, ele ofereceu um sacrifício único pelos pecados (Hb 10,12) e não o celebrou com palavras, mas com sua carne e seu sangue: "Cristo, que veio como sumo sacerdote dos bens futuros, passando pela tenda maior e mais perfeita, que não é feita por mãos humanas, ou seja, que não é desta criação, entrou definitivamente no santuário, não com o sangue de cordeiros e bezerros, mas com seu próprio sangue, tendo-nos adquirido uma redenção eterna. Se o sangue de cabras e touros e as cinzas de novilhas, que são aspergidas sobre aqueles que estão contaminados, os santificam tornando-os puros na carne, quanto mais eles nos santificam? Pois se o sangue de cabras e touros e as cinzas de novilhas, que são aspergidas sobre aqueles que estão contaminados, os santificam purificando sua carne, quanto mais o sangue de Cristo, que por um Espírito eterno se ofereceu sem mancha a Deus, purificará nossa consciência das obras mortas, para que possamos adorar o Deus vivo" (Hb 9,11-14). "Sim, este é precisamente o sumo sacerdote que precisamos, santo, inocente, imaculado, separado dos pecadores, exaltado acima dos céus, que não é diariamente obrigado, como os sumo sacerdotes, a oferecer vítimas primeiro por seus próprios pecados e depois pelos do povo, por isso ele fez de uma vez por todas, oferecendo-se a si mesmo. [...] [Ele é o] Filho feito perfeito para a eternidade" (Hb 7,26-28). Chegamos perto deste padre, mediador de um novo convênio, e da projeção purificadora de um sangue que fala melhor do que o de Abel.

O sacerdócio de Cristo é exercido em três etapas: no sacrifício da Cruz (e neste sentido foi "de uma vez por todas"); no tempo presente (como intercessor junto ao Pai, Hb 7,25); e no fim dos tempos ("do pecado", Hb 9,28), quando Cristo confiará toda a criação ao Pai. Na segunda vez, no tempo presente, Jesus Cristo exerce a intercessão sacerdotal por nós: "Mas ele, porque permanece para a eternidade, tem um sacerdócio imutável". Daí decorre que ele é capaz de salvar de forma definitiva aqueles que por ele chegam a Deus, estando sempre vivo para interceder por eles" (Hb 7,24-25). Jesus Cristo está vivo e intercede com sua plenitude de homem e de Deus: "Tendo, portanto, um grande e soberano sacerdote que passou pelos céus, Jesus Cristo, o Filho de Deus, mantenhamos firme a profissão de fé. Pois não temos um sumo sacerdote impotente para simpatizar com nossas fraquezas, pois ele foi testado em todas as coisas da mesma maneira, exceto no pecado" (Hb 4,14-15). Pelo mistério da Ressurreição, Jesus, já estabelecido como Senhor, nos mostra seu corpo, nos deixa tocar suas feridas, sua carne (Jo 20,20.27; Lc 24,39-42). Esse corpo, estas feridas, esta carne são intercessões. E mesmo: não há outra maneira de acessar o Pai além desta. O Pai vê a carne do Filho e lhe dá acesso à salvação. [Encontramos o Pai nas feridas de Cristo. Ele está vivo, então, em sua gloriosa carne, e ele está vivo em nós.

Partilhar de sua carne, ser paciente com ele em sua Paixão para compartilhar de sua glorificação: este é o conceito chave da Carta aos

Hebreus: "Temos um altar em que os servos do tabernáculo têm direito a comer" (Hb 13,10). Este altar é Cristo, seu corpo pendurado na cruz[3].

■ MEDITAÇÃO

Caros colegas bispos e sacerdotes, como temos o privilégio e a graça de compartilhar o sacerdócio de Cristo, e como aspiramos a ser configurados a Cristo, deixemo-nos transformar pela chama do Espírito de Deus. Que ele nos faça Que sejamos sempre como seu Filho. Que possamos compartilhar de seus sofrimentos, como diz São Paulo, e nos tornarmos como ele em sua morte.

Portanto, como nos exorta São Gregório de Nazianzo: "Não ofereçamos como sacrifício jovens touros ou cordeiros com chifres e cascos — oferendas mortas e insensíveis; ofereçamos a Deus um sacrifício de louvor no altar celestial, em união com os coros do céu. O que direi vai além: é a nós mesmos que devemos oferecer a Deus como um sacrifício; ofereçamos a Ele todos os dias toda a nossa atividade. Aceitemos tudo por Cristo; por nossos sofrimentos, imitemos sua Paixão; por nosso sangue, honremos seu sangue; subamos à Cruz com fervor.

Se és Simão de Cirene, tome a cruz e siga-O. Se estais crucificado com Ele como o malfeitor, reconheça, como aquele homem justo, que Ele é Deus. Se Ele mesmo foi contado entre os pecadores por sua causa e de seu pecado, te tornas um homem justo por causa d'Ele. Adore Aquele

---

[3] Papa Francisco. *Notre chair en prière*, trad. de Chrystèle Francillon. Paris, Parole et Silence, 2017.

que foi crucificado por sua causa, e tire algum proveito de sua própria maldade; compre a salvação ao preço da morte; entre no Paraíso com Jesus, para que possas compreender de que coisas boas foste excluído. Contemple as maravilhas que estão lá e deixe morrer que está no exterior, com suas blasfêmias, que o insultaram. Se és José de Arimatéia, reclamai o corpo daquele que o mandou colocar na cruz: que sua preocupação seja a redenção do mundo. Se és Nicodemos, aquele adorador noturno de Deus, coloque-o no túmulo com os perfumes. Se és uma das mulheres santas, uma ou outra das Marias, se és é Salomé ou Madalena, vá chorar junto a Ele de madrugada. Seja o primeiro a ver a pedra removida, a ver talvez os anjos, e o próprio Jesus"[4].

Nesse ponto de nossa reflexão, vale ressaltar mais uma vez que a identidade do sacerdote consiste em prolongar sacramentalmente a presença do Bom Pastor no meio do rebanho. Está claro, então, que todo sacerdote deve ser identificado com o Bom Pastor não apenas pelo caráter sacramental de sua existência, mas também por toda sua vida. A tentação poderia ser imitar a vida de Jesus de uma forma material e acreditar que um padre deve ser, antes de tudo, um pregador itinerante, um milagreiro, um mestre espiritual. O Papa Francisco, neste texto comovente, nos convida a uma identificação muito mais profunda. Ele nos convida a não "fazer", mas a "sofrer". Jesus é um sacerdote por sua Paixão, por sua capacidade de aceitar heroicamente o sofrimento humano e o fracasso, e de morrer por amor à verdade. E nos foi dado o favor não só de acreditar em Cristo, mas também de sofrer por Ele (cf. Fl 1,29).

---

[4] São Gregório de Nazianzo. Homilia da Páscoa, in: La Liturgie des Heures t. 2, op. cit.

Muitas vezes espera-se que o padre aja, tome iniciativas, organize, seja um líder social e um excelente gerente. Gostaríamos que ele fosse um líder empresarial. O Papa Francisco nos convida a mudar nossa visão. Ele nos lembra que ser padre consiste antes de tudo em sofrer, em sofrer com Cristo. Ser padre significa identificar-se com a Paixão de Cristo, a prolongar todos os dias. Ser padre é dizer, como São Paulo, "trago em meu corpo as marcas da paixão de Cristo" (Gl 6,17).

Num mundo centrado unicamente nos aspectos materiais da vida e no sucesso técnico, econômico e político, o que Deus pode fazer senão sofrer, especialmente se o homem se compromete, num egoísmo consciente e teimoso, com as profundezas de si mesmo? Em um mundo de ingratidão, indiferença ou mesmo hostilidade manifesta a Deus, em uma sociedade que constantemente insulta a Deus pela violação consciente de suas leis, como o padre pode evitar o sofrimento? O sacerdote é chamado a ser pregado na cruz com Cristo, para que não seja mais ele quem vive, mas Cristo que vive nele. Cada vez que celebra a Missa, ele comemora o Sacrifício de Jesus no Gólgota. Ele o renova pelo poder do Espírito Santo. E naquele momento, ele é tomado pelo poder do Espírito Santo, e as palavras que ele pronuncia assumem a mesma eficácia daquelas que saíram da boca de Cristo na Última Ceia. E em um profundo desejo de identificação total com Cristo, ele deve ser capaz de dizer, como fez São Bernardo: "Estou pregado na cruz com Cristo, meu lado contra seu lado, minhas mãos contra suas mãos, meus pés contra seus pés, os mesmos pregos passando por ele e por mim, nosso sangue se misturando em um só sangue". Cristo crucificado está verdadeiramente presente em cada sacerdote. Penso especialmente nos padres doentes ou deficientes que estão confinados a suas camas ou casas hospitalares, completando assim em sua carne o que é exigido do sofrimentos de Cristo por seu Corpo, que é a Igreja (cf. Cl 1,23). E mesmo que sua doença o impossibilite de celebrar a Santa Missa, é realmente neste momento que ele celebra plenamente o Santo Sacrifício, oferecendo alegremente seus sofrimentos e misturando suas provações e agonias com as de Cristo. Seu leito doente se torna o altar do Sacrifício.

Mas como acabamos de enfatizar ao mencionar os padres doentes, a presença da Paixão não deve ser reduzida ao desempenho ritual de sua renovação. Toda a vida do sacerdote é a presença da paixão, a presença do sacerdote e da carne oferecida de Cristo sacerdote, para usar as palavras do Papa Francisco. Toda a vida sacerdotal deve ter uma forma sacrificial, disse São João Paulo II. É importante, portanto, que renovemos profundamente nossa visão da vida dos padres sob esta luz. Um padre doente e acamado não é inútil e ineficaz, se ele vive a paixão em sua carne, ele é plena e totalmente um padre. Pelo contrário, um padre inquieto que busca apenas o sucesso humano e a admiração do público mundial provavelmente será inútil. Isso não significa que os padres devam renunciar ao zelo missionário e à inventividade, muito pelo contrário! Ao contrário, diz-nos que cada ato do sacerdote, cada iniciativa, deve ser realizada com uma profunda união com a Paixão de Jesus no coração.

O sacerdote deve se oferecer constantemente com Cristo. Toda vez que ele se põe a caminho de um projeto, seu coração deve cantar interiormente as palavras de Jesus: "Não minha vontade, mas a vossa". Assim, o sucesso e o fracasso humanos não são seus critérios finais de julgamento. Ele não age como um dono de suas ações, mas como um doador, sempre pronto para ser despojado do que faz, do que tem, do que é.

Enquanto o povo de Deus espera que os sacerdotes sejam cobertos com glória humana e sucesso social, devemos esperar abusos de autoridade, quedas retumbantes e, sobretudo, um distanciamento mortal e uma distorção do sacerdócio de Cristo. Devemos esperar que os sacerdotes sejam identificados com Cristo na cruz. Cristo não foi aplaudido no caminho para o Gólgota, ele não foi aplaudido, mas cuspido e injuriado. Um padre aclamado deve se preocupar, um padre popular deve se questionar. Se a pregação da Palavra de Deus não nos leva à paixão, talvez seja porque pregamos muito timidamente, com medo de proclamar Jesus Cristo em plena fidelidade à Palavra de Deus e à Tradição, ou porque estamos presos ao desejo de agradar e estamos comprometidos com o espírito do mundo. Como diz São João Paulo II: "Segundo São Paulo, [ser sacerdote] significa acima de tudo ser 'administradores dos Mistérios de Deus'. Sejamos portanto considerados como servos de Cristo e administradores dos Mistérios de Deus. Mas o que se exige dos comissários de bordo é que cada um seja encontrado fiel" (1Cor 4,1-2). A palavra 'administrador' não pode ser substituída por nenhuma outra. Ela tem raízes profundas no Evangelho. Recordemos a parábola do administrador fiel e do administrador infiel (cf. Lc 12, 41-48). O administrador não é o proprietário, mas aquele a quem o proprietário confia seus bens a ele, para que possa administrá-los com justiça, responsabilidade e grande alegria para o proprietário. É assim que o sacerdote recebe de Cristo os bens da salvação, a fim de distribuí-los adequadamente ao povo ao qual ele é enviado. [...] Ninguém pode ou deve considerar-se o proprietário destas mercadorias. Todos nós somos beneficiários. Portanto, em virtude do que Cristo instituiu, o padre tem o dever de ser seu administrador"[5]. Assim, assim como Jesus não ensinou Sua própria doutrina, mas a d'Aquele que O enviou, também o sacerdote não deve buscar o sucesso mundano ou ensinar suas próprias opiniões para agradar aos homens, mas somente o Evangelho e a doutrina de Jesus Cristo (cf. Jo 7,16-18).

Isso significa que devemos buscar o fracasso? Certamente que não. Cabe ao padre formar-se, estudar constantemente, ser um *"theodidactos"*, um "aluno de Deus", aprofundar sua relação pessoal com nosso Senhor, questionar-se, aperfeiçoar-se para ser mais eficaz. Mas ele deve saber interiormente que a graça nunca será fruto de uma técnica, que ela sempre flui do coração aberto de Jesus na cruz.

Um padre que não tem o coração partido e aberto pode ter dominado todas as técnicas de pregação e administração, mas seu trabalho permanecerá estéril. Os sacerdotes devem ser competentes em teologia, em pregação, em técnicas pastorais, mas sua competência deve ser irrigada e animada pela vida de graça, caso contrário, ela será estéril.

---

[5] João Paulo II. *Ma Vocation: Don et Mystère*. Paris, Parole et Silence, 2013.

XIII
FORMAR UMA ALMA DE SACERDOTE
A partir de uma meditação de Pio XII

Introdução

A formação dos sacerdotes é uma questão crucial. É principalmente da responsabilidade do bispo diocesano. Cada bispo deve ter a liberdade de abrir um seminário adequado para sua diocese. Eu sei que hoje é comum questionar o modelo clássico do seminário. Às vezes, o treinamento em estruturas universitárias é favorecido. Mas será isto adequado para um futuro sacerdote? Um seminarista não é apenas um estudante. Ele não tem apenas que acumular conhecimentos filosóficos e teológicos. Um padre não é principalmente um professor, mas um ministro de Cristo. Não se espera que ele seja apenas um estudioso. É importante que sua alma, seu pensamento, todo seu ser seja formado, moldado por Cristo sacerdote. Para isso, é necessário que ele experimente uma forma de vida sacerdotal. Isto inclui certos elementos essenciais: uma vida de oração pessoal e comum, uma forma de retirada e distância do mundo e da agitação da mídia, uma vida fraterna de caridade em obediência ao bispo ou a seu representante.

Estes elementos formam a figura do que Hans Urs von Balthasar chamou de seminário "tridentino". Vemos muitos seminários que são simplesmente casas para estudantes imaturos e solitários. Pelo contrário, um seminário deve ser o lugar onde se aprende a plenitude da vida sacerdotal. Isto não se caracteriza principalmente por um ativismo nervoso e desenfreado. A vida sacerdotal é, antes de tudo, uma vida de intercessão com Cristo sacerdote. Nos seminários, portanto, o principal elemento de formação é a vida interior. Deve-se ver liturgias cuidadosas. A missa diária e o canto do ofício em comum são os elementos estruturantes da formação de uma alma sacerdotal. É aos pés do altar, na repetição diária dos salmos, que se forja a identidade do ministro de Cristo. É unindo-se diariamente à renovação sacramental do sacrifício da Cruz sobre o altar que a alma assume gradualmente os sentimentos do coração sacerdotal de Cristo.

Para entrar plenamente neste caminho espiritual, para abrir seu temperamento e toda sua natureza a Cristo, o seminarista terá que adquirir o equilíbrio humano das virtudes. Lembro com precisão a insistência de Dom Raymond-Marie Tchidimbo, então Arcebispo de Conakry-Guiné, sobre as qualidades humanas e espirituais e, sobretudo, sobre a integridade moral e a nobreza de sentimentos dos candidatos ao sacerdócio. Com frequência vinha nos visitar no seminário menor de Kindia. E ainda posso ouvi-lo trovejando na sala: "O primeiro caso de demissão de um seminarista é a duplicidade. O segundo caso é a duplicidade e o terceiro é a duplicidade. Sua linguagem dura, vigorosa e exigente nos assustava, mas ele queria que entendêssemos que um homem chamado ao sacerdócio deve ser viril, íntegro, verdadeiro e honesto. O bispo Tchidimbo considerou verdade, fidelidade, retidão e honestidade como virtudes indispensáveis sobre as quais um bispo não poderia comprometer-se. Antes de ser padre, é preciso ser um homem, como dizemos na tradição dos treinadores do seminário.

Dois elementos importantes contribuem para a aquisição deste equilíbrio de virtudes morais. Em primeiro lugar, a vida comum e fraterna. Cada um aprende a fazer a sua parte de trabalho para o bem comum. Aprendemos a justiça e a misericórdia entre irmãos. Aprendemos a perdoar ofensas e a ser verdadeiros em nossas relações de amizade. Esta virilidade moral, esta simplicidade na virtude, deveria permitir romper com a imagem de um clérigo susceptível, preguiçoso e emocionalmente imaturo. O padre deve ser um homem equilibrado. Para ser um padre em toda a sua alma, é preciso primeiro ser capaz de ser um homem justo, generoso, equilibrado e viril. Muitos problemas de explosões emocionais e abusos teriam sido evitados se os seminários formassem uma verdadeira maturidade emocional vivida em amizade e franqueza fraterna. O trabalho realizado em conjunto, incluindo o trabalho manual, contribui muito para isso.

O sinal desta maturidade é muitas vezes a capacidade de obedecer de forma franca e simples. Obediência ao bispo Portanto, deve ser possível vivenciar isto concretamente no seminário. Isto pressupõe que o bispo se comporta verdadeiramente como o pai de seus seminaristas e sacerdotes. Ele deve ser capaz de viver com eles, rezar com eles, escutá-los e aconselhá-los. Que alegria é ver um bispo cercado por seus seminaristas como um pai por seus filhos! É assim que se adquire a confiança que deve permanecer entre o bispo e seus sacerdotes ao longo de suas vidas. Quantos padres estão sozinhos demais! Quantos padres experimentam crises espirituais profundas sem a presença paterna de seu bispo! A paternidade episcopal não pode mais ser uma palavra vazia reservada aos textos litúrgicos. Deve se tornar uma realidade.

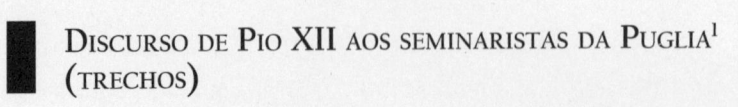

Discurso de Pio XII aos seminaristas da Puglia[1] (trechos)

Preparar-se para o sacerdócio significa formar uma alma sacerdotal.

O caráter sacramental da Ordem sela uma aliança eterna da parte de Deus, que é como a manifestação de seu amor de predileção, e que exige da criatura escolhida uma resposta de amor expressa na santidade de sua vida e uma adesão total ao vontade do Pai. Concretamente, na pessoa se torna um sacerdote se forma uma alma sacerdotal, comprometendo constantemente todas as suas faculdades e energias espirituais para conformar a sua alma ao Cristo eterno e Sumo Sacerdote. Ele é o modelo. O trabalho de educação e formação nos seminários deve ser essencialmente dirigido para esta metamorfose espiritual, cujas dificuldades não devem ser ocultadas nem as alegrias interiores abafadas.

---

[1] Pio XII havia preparado um discurso por ocasião da celebração dos cinquenta anos da fundação do seminário regional da Puglia. A audiência havia sido marcada para um domingo, dia 19 de outubro de 1958. Esse texto, de uma grande limpidez, de uma profundidade espiritual e de uma clareza excepcionais nunca foi pronunciado, pois o Papa Pio XII faleceu dez dias antes da referida data.

O sacerdote é, antes de tudo, um ministro de Cristo.

O seminarista adquirirá tal compreensão de sua futura atividade como "ministro de Cristo" e "dispensador dos mistérios de Deus" (1Cor 4,1), como "colaborador de Deus" (ibid. 3,9). O ministro sagrado terá que condicionar cada uma de suas ações e obras. Ele será o homem de intenções santas e retas, semelhantes àquelas que movem Deus a agir. Qualquer mistura de intenção pessoal que venha somente da natureza deve ser considerada indigna do caráter sagrado e uma evasão. Se certas atividades lhe derem ampla satisfação humana, ele será grato a Deus por elas, aceitando-as como uma ajuda, mas não como um substituto, para as intenções sagradas. Mas sua ação principal será estritamente sacerdotal, ou seja, a de mediador dos homens, oferecendo a Deus o sacrifício do Novo Testamento, dispensando os Sacramentos e a palavra divina, com a recitação do ofício divino no qual ele representa toda a humanidade e reza por ele.

Preparar-se para o sacerdócio significa tornar-se instrumento nas mãos de Deus.

A benevolência de Deus é imensa para com aqueles que ele escolhe como instrumentos de sua vontade de salvação! Como depositário e dispensador dos meios de salvação, o sacerdote não pode dispor deles de sua livre vontade, porque ele é o "ministro" deles, mas também mantém intacta a autonomia de sua pessoa, a liberdade e a responsabilidade de seus atos. Ele é, portanto, um instrumento consciente de Cristo, que, como um escultor de gênio, o usa como um cinzel para moldar a imagem divina nas almas. Ai do instrumento se ele se recusou a seguir a mão do artista divino; ai do instrumento se ele distorceu o desenho a seu gosto! O trabalho se revelaria muito pobre se o instrumento fosse inapto, por sua própria culpa! O objetivo dos seminários é precisamente este: orientar os jovens seminaristas a se tornarem instrumentos de Cristo perfeitos, eficazes e dóceis.

A necessidade de uma sólida formação teológica.

Mas se a perfeição e a eficiência do instrumento dependem de Deus, a docilidade depende da vontade humana. Um instrumento indisciplinado e rebelde nas mãos do artista é inútil e perigoso. É antes um instrumento de perdição. Mas Deus pode fazer qualquer coisa com um instrumento bem disposto, até mesmo imperfeito. Ele não pode fazer nada com um instrumento rebelde. Docilidade significa obediência, e ainda mais, "disponibilidade nas mãos de Deus" para qualquer obra, não importa que necessidade, não importa qual mudança. A verdadeira disponibilidade é obtida pelo desprendimento dos próprios pontos de vista, dos próprios interesses e até mesmo dos mais santos empreendimentos. A verdadeira prontidão é alcançada pelo desapego dos próprios pontos de vista, dos próprios interesses e até mesmo dos empreendimentos mais sagrados. Este desprendimento se baseia nesta humilde verdade ensinada pelo Senhor: "Quando tiveres feito tudo o que vos foi ordenado, dizei: Somos servos inúteis" (Lc 17,10). Evidentemente, isto não implica, como já observamos, indiferença ao trabalho imposto, nem a ausência de qualquer satisfação legítima em ver os resultados obtidos. A disciplina a ti imposta no seminário com afeto paternal não tem outro propósito senão educá-lo a permanecer perfeitamente dócil a Cristo e à Igreja.

Preparar-se para a perseverança.

Tudo parece fácil, caros seminaristas, nestes anos de preparação dos quais guardarás uma doce memória e um pouco de nostalgia. Seu entusiasmo atual, as intenções justas que o animam, o impulso

XIII | FORMAR UMA ALMA DE SACERDOTE

para a perfeição que busca, tudo isso augura um ministério sacerdotal frutífero e tranqüilo, cuja serenidade não será perturbada nem mesmo pela luta contra os inimigos de Deus. Desejamos isso com todo o nosso coração; mas não devemos ignorar a realidade. Até agora, vos preparastes para sofrer as dificuldades de cada dia, praticando vigilância e perseverança. Mas com o passar dos anos, o cansaço crescente e a luta, e o enfraquecimento natural da força física e mental, é natural que surjam em vosso espírito alguma crise profunda que parece submergir todos os ideais e extinguir o zelo mais ardente. Em crises semelhantes, às vezes acompanhadas pela explosão imprevista de paixões, deve-se reconhecer o esquecimento da mais elementar prudência e às vezes o esquecimento dos deveres mais imperiosos. Mas às vezes, e isto não é raro, a crise se eleva como um tufão inesperado em um mar calmo. O ritmo febril da vida moderna, que impede a mente de refletir, as mil armadilhas que se encontram no caminho cotidiano, a perturbação mais ou menos consciente da mente, tudo isso contribui para criar essas dificuldades interiores. [...] Nós vos encorajamos, caros seminaristas, a praticarem a partir de agora tal eventualidade, prevendo-a e preparando-se. Antes de tudo, meça sua força, mas faça uma única soma do que Deus lhe dará; e faça tudo o que puder para mantê-la intacta, para aumentá-la, adotando as precauções e os recursos que vos são amplamente oferecidos pela Igreja. No exercício da perseverança, deves esperar muito da sábia orientação de seus diretores espirituais e, além disso, da correção ininterrupta de sua moral, da ordenação de seus horários, da moderação no empreendimento e no desempenho de atividades externas. Deus os chama a uma dignidade sublime, e as ajudas salutares à sua disposição são numerosas e imediatas; mas tudo pode terminar em dolorosa desilusão se não vos aplicarem, como virgens sábias, para observar e perseverar. Aos clérigos mais velhos recomendamos: não decepcionar o jovem padre. Sem dúvida, a desilusão é inevitável, seja ela resultante de condições humanas gerais seja por motivos particulares; mas eles não devem ser a conseqüência de sacerdotes mais velhos, talvez desencorajados pelas decepções da vida real, entorpecendo as energias vivas do jovem clero. Onde a experiência madura não requer uma não decisão, deixe--o fazer planos, deixe-o tentar, e se tudo não tiver sucesso, conforte-o e incentive-o em novos empreendimentos.

■ MEDITAÇÃO

Todas as vezes que lemos o Evangelho, vemos que Jesus sempre confiou uma tarefa a uma pessoa, nunca a uma instituição. A Igreja se baseia na pessoa do bispo, não na conferência episcopal ou nos ofícios diocesanos. Não há nada mais grotesco do que pensar que Cristo teria querido criar comissões! Os seminaristas devem ser ensinados a assumir total responsabilidade. Eles devem redescobrir uma verdade católica: na Igreja, tudo é pessoal, nada deve ser anônimo. Entretanto, é por trás de estruturas anônimas como conferências episcopais, comissões ou mesmo caminhos sinodais que tantos bispos e sacerdotes se escondem hoje. Todas essas comissões, subcomissões, grupos e escritórios de todos os tipos são às vezes úteis, mas não devem sufocar e destruir a responsabilidade pessoal do bispo e fazê-lo desaparecer atrás de estruturas que dirigem e decidem em seu nome. As pessoas reclamam que temos escassez de sacerdotes, e isto é verdade, enquanto milhares de clérigos são empregados em burocracia clerical que corre o risco de matar o impulso missionário da Igreja. Qual é a utilidade de todos esses documentos aprendidos, papéis que ninguém lê e que não têm importância para o povo cristão e para a Igreja viva? A fé é muito mais simples do que tudo isso. Jesus quer pessoas reais, livres, totalmente responsáveis por suas ações e instrumentos autônomos e dóceis em suas mãos, não estruturas ou máquinas. Na verdade, como nos lembra Pio XII: "O sacerdote, como depositário e dispensador dos meios de salvação, não pode dispor deles de sua livre vontade, porque é o 'ministro' deles, mas também mantém intacta a autonomia de sua pessoa, a liberdade e a responsabilidade de seus atos". Ele é, portanto, um instrumento consciente de Cristo, que, como um escultor de gênio, o usa como um cinzel para moldar a imagem divina nas almas. É por isso que Pio XII insiste no papel dos seminários: "O objetivo dos seminários é especificamente treinar e orientar jovens clérigos a se tornarem instrumentos perfeitos, eficazes e dóceis", homens que são nutridos e vivem da oração, constantemente prostrados diante do tabernáculo, pessoas perfeitamente conscientes do dom inédito de compartilhar o sacerdócio de Cristo.

O poder sagrado de agir *in persona Christi* na Igreja, ou seja, como Cristo Cabeça da Igreja *in persona*, sempre foi pessoal. É o efeito adequado do sacramento da Ordem de modificar substancialmente o organismo sobrenatural do ordenando, de modo que, agindo por sua própria vontade, ele se torne a causa instrumental da ação sacerdotal de Cristo. Como instrumento vivo de Cristo, o sacerdote reúne na comunhão da Igreja aqueles que Jesus salvou para a eternidade com seu único sacrifício. Ele faz isso emprestando voluntariamente sua própria pessoa para sempre e todos os dias a Jesus, o único Sumo Sacerdote.

Ser outro Cristo ou o próprio Cristo, para cada pessoa humana, é chamado de ser um "apóstolo". Ser apóstolo é tender a ser configurado, a assemelhar-se a Cristo. E ser como Cristo é lutar pela perfeição. Em outras palavras, significa trabalhar para adquirir as qualidades necessárias para o exercício do ministério sacerdotal. Pode-se dizer que esta exigência é também a do povo cristão. Pois eles querem ver em seu pastor não apenas um homem que se distingue por seus dons e virtudes, inclusive as naturais, mas também uma pessoa prudente e bem equilibrada em seus julgamentos, segura e calma em suas ações, imparcial e ordenada, generosa e pronta a perdoar, um amigo de concórdia e paz e um inimigo da ociosidade. Para o padre, mesmo as chamadas virtudes "naturais" são exigências do apostolado, pois sem elas ele ofenderia ou rejeitaria os outros sem respeito ou consideração.

João Paulo II, em sua exortação apostólica pós-sinodal *Pastores dabo vobis*, faz eco ao Papa Pio XII quando insiste na formação humana e filosófica como fundamento de toda formação sacerdotal. Ele enfatiza a formação espiritual, em comunhão com Deus e em busca de Cristo. Ele se detém longamente na formação intelectual e teológica na compreensão da fé e na formação pastoral para viver e transmitir a caridade de Jesus Cristo, Bom Pastor[2].

A esta perfeição já adquirida, na medida do possível, devem ser acrescentadas as perfeições próprias do estado sacerdotal, ou seja, a santidade. Em seu discurso, Pio XII insiste sobre a necessidade de santidade para um padre. Ele deve estar consciente de que Deus o chama constantemente à santidade, porque ele é a própria presença, a extensão de Jesus Cristo na terra.

---

[2] Cf. João Paulo II. *Pastores dabo vobis*, n° 42-59.

XIV
FILHO DA IGREJA
A partir de uma meditação de Santo Agostinho

INTRODUÇÃO

São Gregório Magno considerava que na época de Cristo a Igreja estava na infância e, portanto, ainda não exercia sua função materna. Ela era então muito pequena, recém-nascida e não conseguia pregar a Palavra de Vida. Mas depois de receber o Espírito Santo, ela se tornou uma mãe fecunda, e foi então que a salvação se espalhou pelo mundo por meio do ministério de pregadores e pastores. Diz-se que a Igreja é "madura" quando, unida à Palavra de Deus e cheia do Espírito Santo, ela é enriquecida pelos filhos que concebe e gera. Ela os traz ao mundo convertendo-os e tornando-os verdadeiros crentes, verdadeiros discípulos de Jesus Cristo. E um verdadeiro filho da Igreja, diz Bento XVI, não dá demasiada importância à luta para reorganizar as formas externas desta Igreja: "Eles [verdadeiros crentes] vivem pelo que a Igreja sempre foi. E se quisermos saber o que é realmente a Igreja, temos que saber o que é realmente a Igreja, é para eles que devemos ir. Pois a Igreja não se encontra principalmente onde está organizada, reformada ou dirigida, mas naqueles que simplesmente acreditam e que, nela, acolhem o dom da fé e vivem por ela. Somente aquele que experimentou como, além da mudança de seus servos e formas, a Igreja conforta as pessoas, dá-lhes uma pátria e uma esperança — uma pátria que é esperança — e um caminho para a vida eterna, só ele sabe o que é a Igreja no passado e no presente"[1].

Como eu disse em um livro anterior: "É urgente recuperar uma visão baseada na fé de tudo. Ao reformar as instituições a cada vez, mantemos a ilusão de que o importante é o que fazemos, nossa ação humana, que consideramos ser a única coisa que funciona. Portanto, este tipo de reforma apenas desloca o problema. Creio que é essencial e urgente discernir a verdadeira natureza da crise [que estamos atravessando no momento] e perceber que o mal não se encontra apenas nas instituições eclesiásticas. Pequenas mudanças na organização da cúria e vários dicastérios não serão capazes de limpar mentalidades, sentimentos e morais. O que é uma "reforma" no sentido mais profundo da palavra? É uma reforma. Um retorno à forma pura, aquela que vem das mãos de Deus. A verdadeira reforma da Igreja consiste em se deixar moldar novamente por Deus. "A verdadeira 'reforma' não significa tanto se esforçar para erguer novas fachadas, mas (ao contrário do que alguns eclesiólogos pensam) nos aplicarmos para remover, na medida do possível, o que é nosso, para que o que é de Cristo

---

[1] Bento XVII *Foi chrétienne, hier et aujourd'hui*, trad. de E. Ginder e P. Schouver, Paris, Cerf, 1996.

possa aparecer melhor. Esta é uma verdade que os santos conheciam bem: eles reformaram a Igreja em profundidade, não propondo planos para novas estruturas, mas reformando-se a si mesmos. A Igreja precisa de santidade, não de gestão, a fim de responder às necessidades da humanidade em cada época", disse o Cardeal Joseph Ratzinger em suas *Conversas sobre Fé*"[2].

▌ SANTO AGOSTINHO, CARTA 208

Não tenho dúvidas de que com uma fé como a sua e à vista das fraquezas ou iniquidades dos outros, sua alma ficará perturbada, pois o santo Apóstolo, tão cheio de caridade, nos confessa que ninguém é fraco sem ser enfraquecido com ela, e que ninguém é escandalizado sem se queimar. Eu mesmo me sinto tocado por isso, e em minha solicitude por sua salvação, que está em Cristo, acho que devo escrever a Vossa Santidade uma carta de consolação ou exortação. Pois agora estais estreitamente unidos a nós no corpo de Nosso Senhor Jesus Cristo, que é sua Igreja e a unidade de seus membros; sois amados como um membro digno de seu corpo divino, e vivem conosco em seu Espírito Santo.

Portanto, exorto-vos que não vos deixeis perturbar por esses escândalos; eles foram preditos para que, quando vierem, possamos lembrar que foram preditos, e não se deixem comover muito por eles. O próprio Senhor os anunciou no Evangelho: "Ai do mundo por causa dos escândalos! Eles devem vir; mas ai do homem por quem vem o escândalo!" E quem são estes homens, se não aqueles que o Apóstolo

---

[2] Cardeal Robert Sarah e Nicolas Diat. *Le soir approche et déjà le jour baisse*. Paris, Fayard, 2019, p.135-136 [Trad.: *A noite se aproxima, o dia já declina*. São Paulo, Fons Sapientiae, 2018]

disse estarem buscando seus próprios interesses e não os interesses de Jesus Cristo. Há, portanto, pastores que ocupam as cadeiras das Igrejas para o bem do rebanho de Cristo; e há aqueles que pensam apenas em desfrutar de honras e vantagens temporais. É necessário que no movimento das gerações humanas estes dois tipos de pastores sucedam um ao outro, mesmo na Igreja Católica, até o fim dos tempos e o julgamento do Senhor. Nos dias dos Apóstolos, se houvesse tais, se houvesse então falsos irmãos a quem o Apóstolo, gemendo, apontava como perigosos, e a quem ele carregava de paciência em vez de separar-se deles com orgulho; quanto mais deve haver no tempo em que estamos, já que o Senhor disse claramente a respeito desta época, que se aproxima do fim do mundo: "Porque a iniquidade abundará, o amor de muitos esfriará". Mas as palavras que se seguem devem ser um consolo e um encorajamento para nós: "Aquele que perseverar até o fim será salvo".

Assim como há bons e maus pastores, assim também no rebanho há bons e maus. Os bons são chamados de ovelhas, os maus são chamados de cabras; eles se alimentam juntos até a chegada do Príncipe dos pastores, a quem o Evangelho chama de "único Pastor"; e até que, de acordo com sua promessa, ele separa as ovelhas dos cabritos. Ele nos ordenou que nos reuníssemos; ele se reservou a separar: pois só ele deve separar, quem não pode errar. Os orgulhosos servos que ousaram fazer a separação que o Senhor reservou para si tão facilmente, separaram-se da unidade católica, impuros pelo cisma, como poderiam ter um rebanho puro?

É o próprio Pastor que quer que permaneçamos unidos, e que, feridos pelos escândalos daqueles que são o joio, não abandonemos a eira do Senhor; ele quer que perseveremos nela como trigo até a vinda do divino Vanisher, e que resistamos, por caridade, ao joio quebrado. Nosso próprio Pastor nos adverte no Evangelho a não colocar nossa esperança mesmo nos bons pastores por causa de suas boas obras, mas a glorificar Aquele que os fez tais, o Pai do céu, e a glorificá-Lo também em relação aos maus pastores, que Ele quis designar sob o nome de escribas e fariseus, ensinando o bem e fazendo o mal.

Jesus Cristo fala dos bons pastores assim: "Vós sois a luz do mundo". Uma cidade situada em uma montanha não pode ser escondida; uma lâmpada não é acesa para ser colocada debaixo de um alqueire, mas em um castiçal, para que possa dar luz a todos que estão na casa. Que vossa luz brilhe de tal modo diante dos homens, que eles possam ver vossas boas obras e glorificar vosso Pai que está no céu. Mas avisando as ovelhas sobre os pastores maus, ele disse: "Eles se sentam na cadeira de Moisés. Faça o que eles lhe dizem; não faça o que eles fazem; pois eles falam, mas não fazem". Assim advertidas, as ovelhas de Cristo ouvem sua voz, mesmo por meio de maus mestres, e não abandonam sua unidade. O bem que eles dizem não é deles, mas dele; e estas ovelhas se alimentam em segurança, porque, mesmo sob pastores maus, eles se alimentam nos pastos do Senhor. Mas eles não imitam os pastores maus em seus atos malignos, porque tais atos vêm somente de si mesmos e não de Cristo. Quanto aos bons pastores, eles ouvem suas instruções salutares e imitam seus bons exemplos. O Apóstolo foi um deles, que disse: "Sede meus imitadores como eu sou de Cristo". Ele foi uma tocha acesa pela Luz eterna, pelo próprio Senhor Jesus Cristo, e foi colocado no candelabro porque se glorificou na cruz: "Deus me livre de me glorificar em qualquer outra coisa além da cruz de nosso Senhor Jesus Cristo! Ele não buscou seus próprios interesses, mas os de seu Mestre, quando exortou à imitação de sua própria vida aqueles que ele havia gerado pelo Evangelho. No entanto, ele repreende severamente aqueles que estavam fazendo cismas com os nomes dos Apóstolos e culpa aqueles que disseram: "Eu sou de Paulo". Ele lhes responde: "Paulo foi crucificado por ti? Ou és batizado em nome de Paulo?"

Aqui entendemos que os bons pastores não buscam seus próprios interesses, mas os interesses de Jesus Cristo, e que as boas ovelhas, seguindo os santos exemplos dos bons pastores que as reuniram, não depositam nelas sua esperança, mas sim no Senhor que as redimiu com seu sangue, para que, quando acontecer de elas caírem sob o calcanhar de maus pastores, pregando a doutrina que provém do Cristo e fazendo o mal que provém de si mesmos, que façam o que dizem e não o que fazem, e que não abandonem os pastos da unidade por causa dos filhos da iniquidade. O bom e o ruim se misturam na Igreja Católica, que não só se espalha na África como o partido de Donato, mas que, de acordo com suas promessas divinas, se espalha e se espalha entre todas as nações, "frutificando e crescendo em todo o mundo". Aqueles que estão separados dela, enquanto permanecerem seus inimigos, não podem ser bons; mesmo que alguns deles pareçam bons por hábitos louváveis de vida, deixariam de o ser apenas pela separação: "Aquele que não está comigo", diz o Senhor, "está contra mim; e aquele que comigo não reúne, dispersa".

Eu vos exorto, portanto, senhora honrada e querida filha em Cristo Jesus, a guardar fielmente o que tendes do Senhor; amá-lo e à sua Igreja de todo o coração; é ele quem permitiu que não perecêsseis com os maus o fruto de vossa virgindade, e que não perecêsseis. Se deixasses este mundo, separado da unidade do corpo de Cristo, de nada lhe serviria ter permanecido casto como és. Deus, que é rico em misericórdia, fez por ti o que está escrito no Evangelho; os convidados da festa do pai de família, tendo-se desculpado por não poder vir, o senhor disse a seus servos: "Ide pelas estradas e sebes, e forçai a entrar todos aqueles que encontrardes". Portanto, embora devas amar sinceramente teus bons servos por cujo ministério fostes lavado a entrar, ainda assim não deve colocar sua esperança, exceto Naquele que preparou a festa: fostes convidada a ir lá para a vida eterna e bem-aventurada. Ao recomendar a este Pai divino da família seu coração, seu propósito, sua santa virgindade, sua fé, sua esperança e sua caridade, não serás perturbado pelos escândalos que chegarão ao fim; mas serás salvo pela força inabalável de sua piedade, e será coberto de glória no Senhor, perseverando até o fim em sua unidade. Ensine-me, por meio de uma resposta, como terás recebido minha solicitude por ti, que eu desejei testemunhar o melhor que pude nesta carta. Que a graça e a misericórdia de Deus sempre o protejam[3]!

MEDITAÇÃO

A Igreja engendra homens e mulheres de fé, verdadeiros crentes e santos. Ela dá à luz verdadeiras testemunhas de Cristo que chegam ao ponto de morrer por Ele e pelo Evangelho. Ela dá à luz filhos e filhas de Deus. Santo Agostinho já havia evocado este mistério da *Mater Ecclesia* em uma carta: "A Igreja, nossa Mãe, é também a mãe de sua mãe". Foi ela quem te concebeu de Cristo; foi ela quem vos deu à luz com o sangue dos mártires; foi ela quem te trouxe ao mundo para a luz eterna; foi ela quem te alimentou e ainda te alimenta com o leite da fé, e quem, preparando para ti o alimento mais substanciais, vê com horror que quereis continuar a mastigar como as crianças que ainda não têm dentes. Esta mãe, espalhada por toda a terra, é agitada pelo ataque de erros tão múltiplos e diversos que até seus filhos abortivos não hesitam em lutar contra ela com armas desatadas. Esta mãe, espalhada por toda a terra, é agitada pelo ataque de erros tão múltiplos e diversos

---

[3] Santo Agostinho. *Lettres de saint Augustin*, traduzido do latim por M. Poujoulat, Paris, 1858.

que até seus filhos abortivos não hesitam em lutar contra ela com armas desatadas. Pela morosidade e inércia de alguns dos que ela contém em seu seio, ela sofre com o fato de que seus membros ficam frios em muitos lugares e que ela se torna menos capaz de manter os pequenos aquecidos. De quem, se não de seus outros filhos, de quem, se não de seus outros membros, entre os quais estais, ela reclama a justa ajuda que lhe é devida? Tu, abandonando-a em necessidade, vai se voltar para palavras carnais? Ela não bate em seus ouvidos com reclamações mais altas? Ela não lhe mostra mais ventres preciosos e seios celestiais?

Já no século IV, na época de Santo Agostinho, até o século VI, em meio à desordem e confusão causada no Ocidente por todo tipo de acontecimentos dramáticos, os bispos se viram gradualmente investidos de autoridade política, e essas novas responsabilidades muitas vezes os distraíram do ministério pastoral e de sua vocação especificamente espiritual. Hoje, também, muitos bispos e padres investem muito de sua energia e tempo em questões políticas, socio-econômicas ou ecológicas. A falta de uma sólida cultura teológica e exegética, a mediocridade espiritual, o medo da mídia e o desejo de ser aprovado pela sociedade moderna também explicam por que alguns pastores têm Daí a necessidade e urgência hoje de lembrá-los de seu dever primordial de serem mensageiros da Palavra de Deus e aprender a cumprir esse dever com ousadia, zelo e competência. Hoje podemos apreciar a força desta famosa e enérgica homilia que Gregório Magno dirigiu a uma assembleia de bispos convocada na Lateranense, e que é como um convite a um verdadeiro exame pastoral de consciência. "É o próprio Cristo que envia nossos pastores numa missão à sua frente, segundo as palavras do Evangelho de São Lucas: "Depois disso, o Senhor nomeou setenta e dois outros e os enviou dois a dois à sua frente para cada cidade e lugar onde Ele mesmo deveria ir (Lc 10,1-3)"[4]. Os pastores devem, portanto, preparar os caminhos do Senhor.

São Gregório Magno lamenta o silêncio e a inércia de tantos pastores de seu tempo. Mas o que ele escreveu no século VI é de uma atualidade assustadoramente atual. Suas palavras ainda hoje ressoam fortemente: "Ouçamos agora o que o Senhor diz aos pregadores que ele envia: a colheita é abundante, mas os operários são poucos. Reze, portanto, ao Senhor da colheita. Os operários são poucos para uma colheita abundante; não podemos repetir isto sem grande tristeza. Há pessoas para ouvir coisas boas, não há ninguém para dizê-las. O mundo está cheio de sacerdotes, mas raramente encontramos um trabalhador na colheita de Deus; aceitamos o ofício sacerdotal, mas não fazemos o trabalho desse ofício"[5]. O que ele diria hoje com 400.000 sacerdotes no mundo? O que ele diria hoje com 400.000 padres no mundo? Não deveríamos retomar suas palavras: "O mundo está cheio de sacerdotes, mas há muito poucos trabalhadores na colheita do Senhor! Às vezes, são os pastores que não merecem ser ouvidos, por causa de seus pecados e do escândalo de suas vidas, às vezes são os fiéis que não merecem ouvir a Palavra da Verdade". Pior ainda: há muitos que, assim que assumem o poder de go-

---

[4] São Gregório Magno. *Homilias sobre o Evangelho*, in: *La Liturgie des Heures*, t. 4, Cerf-Desclée de Brouwer-Mame, 1980.
[5] Ibid.

vernar, queimam com o desejo de despedaçar seus súditos, de inspirar terror de sua autoridade, de criar uma atmosfera de medo e suspeita, de humilhar e prejudicar aqueles a quem deveriam ser úteis. E porque não têm caridade no coração, enchem a boca com palavras de misericórdia, querem aparecer como curandeiros e esquecer totalmente que são pais"[6].

Diante deste povo moribundo, nós pastores devemos nos lembrar que somos responsáveis por sua morte espiritual. Diz-se dos pastores enviados em missão: "Vós sois o sal da terra. Vós sois a luz do mundo" (Mt 5,13-14). Se o povo é o alimento de Deus, então os sacerdotes deveriam ter sido o condimento deste alimento. O sal, infelizmente, tornou-se insípido, sem sabor. São Gregório Magno não renuncia, entretanto, de tentar despertar o zelo missionário dos pastores. Ele nos pergunta sem concessão: "Reflitamos: quem são aqueles a quem nossas palavras converteram um dia, a quem nossas repreensões fizeram renunciar a suas más ações e que fizeram penitência? Quem é aquele que abandonou a deboche por causa de nossas instruções? Quem é aquele que deixou o caminho da avareza, do orgulho, da idolatria das riquezas naturais?".

---

[6] *Ibid.*

CONCLUSÃO
A alegria de ser padre

Ao longo destas meditações, quis dar a palavra aos santos, aos Papas, em uma palavra à Igreja. Finalmente, permita-me dizer algo mais pessoal. Eu gostaria de confiar em ti. Todos os dias, todas as manhãs e todas as noites, eu me surpreendo com a graça que Deus me deu ao me chamar para ser um padre. Todos os dias eu me surpreendo: como Chris-Jesus poderia ter pensado em minha miséria? Por que ele me escolheu, o pequeno filho de Ourous, como seu padre? Por que ele veio me procurar em meu pequeno vilarejo na Guiné? Por que eu, ignorante e indigno? Todos os dias, eu meço o presente gratuito e imerecido com o qual ele me encheu. Esta consciência diária é uma fonte permanente de paz e alegria. Sim, todos os dias eu posso celebrar o Santo Sacrifício da Missa, todos os dias eu vou ao Calvário com Cristo. Todos os dias eu morro com Ele na cruz. Todos os dias eu rezo com Ele, intercedo pelo mundo inteiro cantando as horas do breviário. A Liturgia das Horas é um tesouro incrível. A Liturgia das Horas é um tesouro incrível, porque nos faz estar constantemente, com toda a Igreja, diante de Deus para louvá-Lo e servi-Lo. A oração diária e a adoração diante do Santíssimo Sacramento são o coração da vida do sacerdote e de sua atividade principal.

Este é um fardo pesado demais para nossos pobres ombros humanos? É claro que sim. Mas quando Jesus nos carrega com sua cruz, Ele a carrega conosco. Gostaria de me lembrar de uma memória importante de minha vida como padre. Em fevereiro de 1992, São João Paulo II veio para uma viagem apostólica à Guiné, que foi um triunfo popular. Em 25 de fevereiro de 1992, o Papa ordenou três sacerdotes durante uma missa celebrada no grande estádio da capital. Em sua homilia, ele disse algumas palavras poderosas que ainda ressoam em minha alma: "O cálice do qual Cristo bebeu foi seu sacrifício no Gólgota. Por meio desse sacrifício, Cristo Servo realizou a redenção do mundo. Assim, as palavras de Cristo a seus discípulos foram plenamente realizadas: o Filho do Homem 'não veio para ser servido, mas para servir e dar sua vida em resgate por muitos'. O sacerdote que celebra o sacrifício do Corpo e Sangue de Cristo deve entrar no mesmo espírito de serviço: 'Ele será servo, tal como o Filho do Homem'. O sacerdócio que recebeis, queridos Filhos, é o sacramento do serviço: servir a Deus servindo o Povo de Deus, seus irmãos e irmãs entre os quais fostes chamados.

"Ao responder com alegria a este chamado, estás fazendo um belo compromisso: livremente e sem reservas, estás oferecendo sua pessoa ao Senhor por sua Igreja". Renuncias ao projeto de ter uma família e se consagra inteiramente, para uma disponibilidade plena e pura. Prometes humilde obediência ao bispo que o chama à ordem sagrada, e por ele te submetes à Igreja e a Cristo para tomar sua parte na missão comum com todo o presbitério. Vos comprometeis em participar fielmente da oração da Igreja, para que seu ministério seja inspirado e frutificado por sua intimidade com o Senhor.

Este ministério o une de uma maneira especial a Cristo, o único Sacerdote do Nova Aliança, o Sacerdote eterno. A imposição de mãos vos consagra totalmente pelo dom do Espírito Santo; pela unção de vossas mãos vos é dado o poder de oferecer a Deus o sacrifício eucarístico em nome de Cristo (*in persona Christi*). Toda a missão do sacerdote tem o sacrifício eucarístico no centro. Ao participar, dia após dia, da oferta suprema do Salvador, ele oferece com ele toda a humanidade ao Pai que o ama. Sacerdotes, vós que sois encarregados de agir em nome de Cristo, permanecem imbuídos de seu amor e carregam seus dons em suas reuniões e muitas atividades. Seguindo o exemplo do Senhor, estar perto dos mais humildes, escutar e aliviar os sofrimentos, compartilhar as alegrias de seus irmãos e irmãs. Dessa forma, sereis testemunhas do Verbo da Vida.

Ao celebrar o Sacrifício de Cristo, estarás aos seus cuidados para a salvação das almas a ti confiadas, os cuidados do Bom Pastor. É por isso que o apóstolo Paulo vos fala nas palavras que dirigiu a seu discípulo Timóteo: "Diante de Deus e de Cristo [...] eu vos peço solenemente [...]: proclamai a Palavra, intervinde a tempo e fora de tempo, denunciai o mal, repreendei, encorajai, mas com grande paciência e com a preocupação de instruir. Não desanimeis quando os homens 'recusam-se a ouvir a verdade'. Não desanimeis... Mantende seu bom senso, suporte o sofrimento, trabalhe para proclamar o Evangelho, realize seu ministério até o fim.

Na noite daquele dia, após um encontro com os jovens guineenses, o Papa coroou a estátua da Santíssima Virgem que se encontra na reprodução da gruta de Lourdes, nos jardins da arquidiocese. Ainda posso vê-lo ajoelhado diante da Mãe de Deus, a quem ele tanto amava. Ele permaneceu em silêncio por um longo tempo, como se estivesse enterrado em uma oração profunda e intensa. Todos os presentes ficaram impressionados com a intensidade deste momento silencioso e solene. Ele parecia querer nos introduzir e nos iniciar em uma devoção profunda e filial a Maria, a Mãe de Jesus e a Mãe do Sacerdócio. João Paulo II quis nos ensinar que 'tudo vem a nós por intermédio de Maria', como diz São Bernardo: 'Vejamos, meus irmãos, com que sentimentos de devoção Deus quis que honrássemos Maria, aquele que nela colocou a plenitude de todo o bem'. Se há alguma esperança, alguma graça, como penhor de salvação, reconheçamos que tudo isso nos transborda d'Aquele que está cheio de delícias e graças... Tire este sol que ilumina o mundo, e o dia está feito. Tirar Maria, esta estrela do mar, de nosso grande e vasto mar, o que resta senão uma escuridão profunda, uma sombra de morte e escuridão espessa? Portanto, é do fundo de nossos corações, do mais profundo de nossas entranhas e com todos os nossos votos que devemos honrar a Virgem Maria; pois esta é a vontade d'Aquele que quis que tivéssemos tudo por meio Ela'[7].

---

[7] São Bernardo. *Serm, in Nativ.* B.M.V., alias *De Aquaeductus*.

Com esta doutrina em mente, não hesitamos em formular que o Apóstolo, faça ele o que fizer pela fecundidade de seu Apostolado, corre o risco de construir somente sobre areia, se sua atividade não se basear em uma devoção muito especial a Nossa Senhora"[8].

Este é o ensinamento que o Papa João Paulo II quis deixar aos leigos e sacerdotes da Guiné e do mundo inteiro. Quando se levantou, ele se aproximou lentamente e colocou a estola que estava usando sobre meus ombros. Eu fiquei sobrecarregado e não entendi o significado de seu gesto. Levei algum tempo para interpretá-lo. De fato, pela pessoa do Papa, era como se Cristo estivesse repetindo para mim as palavras de minha ordenação. Mais uma vez Cristo, por meio de sua Igreja, me vestiu com a estola. Jesus me dizia: "Ide, sede pastores das minhas ovelhas, amai-as, guiai-as, ensinai-as e, acima de tudo alimentá-los com meu corpo e meu sangue". E ao mesmo tempo, é como se ele estivesse me dizendo: "Carregue o fardo sobre seus ombros, se ficares comigo será doce e leve". Pegue minha cruz em seus ombros. Venha comigo para salvar almas". Caros irmãos padres, isto foi o que Jesus lhes disse no dia em que vós recebestes a estola em vossos ombros. Isto é o que ele lhe diz toda vez que a colocas para celebrar a missa ou um sacramento. A estola é nossa alegria porque é o sinal de nosso chamado. Naquele dia, João Paulo II me disse com este gesto: "Não se desencoraje". Ele disse isso a todos nós, queridos amigos: "Não desanimem, mesmo que as pessoas pareçam não querer mais ouvir ou ouvir a Palavra da Verdade. Não se desencoraje. Continuar a andar, a carregar a

---

[8] Dom Jean-Baptiste Chautard. *L'âme de tout Apostolat*. Paris, Artège, 2010, p. 330-331.

cruz com Cristo. Não se desencoraje. Guarde em sua alma a alegria de ser um humilde e fiel servo do Redentor. Não se desencoraje!".

Naturalmente, não falta sofrimento e tristeza na vida de um padre. A preocupação com todas as igrejas às vezes pesa sobre nós (2Cor 11,28). Mas nada pode tirar de nossa alegria de ser padre. Nada pode nos separar de Cristo, o sacerdote. O padre é às vezes um homem exausto, sobrecarregado, abandonado como Jesus no Gólgota, mas nunca está desesperado. Pois sabemos que não dependemos apenas de nossas próprias forças. Eles podem se esgotar. Cristo será sempre fiel. Ele estará sempre conosco. Ele sempre dará sacerdotes à sua Igreja. Ele será sempre a alegria, a única alegria de seus sacerdotes. Alguns dias a Igreja se parece com um barco prestes a naufragar, mas sabemos que Cristo está presente mesmo que pareça estar dormindo no barco. Da mesma forma, em nosso coração sacerdotal, mesmo que pareça estar em silêncio, Cristo nossa alegria está sempre presente e permanecerá ali *por toda a eternidade*.

Este livro foi impresso em papel offset 80g, capa triplex 250g.
Edições Fons Sapientiae
é um selo da Distribuidora Loyola de Livros

Rua Lopes Coutinho, 74 - Belenzinho 03054-010 São Paulo - SP
T 55 11 3322 0100 | editorial@FonsSapientiae.com.br
www.FonsSapientiae.com.br